湛庐CHEERS

与最聪明的人共同进化

HERE COMES EVERYBODY

聪明人的才华战略

Leonardo Lospennato
[德] 莱昂纳多·洛斯佩纳托 著
符蕊 译

The da Vinci Curse

天津出版传媒集团
天津科学技术出版社

上架指导：职场成长

天津市版权登记号：图字 02-2020-53 号

图书在版编目（CIP）数据

聪明人的才华战略 /（德）莱昂纳多·洛斯佩纳托著；符蕊译 . -- 天津：天津科学技术出版社，2020.6

ISBN 978-7-5576-7845-6

Ⅰ . ①聪… Ⅱ . ①莱… ②符… Ⅲ . ①职业选择—通俗读物 Ⅳ . ① C913.2-49

中国版本图书馆 CIP 数据核字（2020）第 071697 号

聪明人的才华战略
CONGMINGREN DE CAIHUA ZHANLÜE
责任编辑：吴文博
责任印制：兰　毅
出　　版：天津出版传媒集团
　　　　　天津科学技术出版社
地　　址：天津市西康路 35 号
邮　　编：300051
电　　话：（022）23332377（编辑部）23332393（发行科）
网　　址：www.tjkjcbs.com.cn
发　　行：新华书店经销
印　　刷：北京盛通印刷股份有限公司

开本 880 × 1230　1/32　印张 7.25　字数 142 000
2020年6月第1版第1次印刷
定价：52.90元

致我的母亲玛尔塔（Marta）：

世界末日的预言家，
各种巧克力的提供者，
光明的使者，
欢乐的源泉。

感谢巴尔塔扎尔·艾文达诺（Baltazar Avendaño）、马里乌什·齐普钦斯基（Mariusz Czeppzyngski）、丹尼尔·埃拉尔（Daniel Areal）和蒂塔·凯萨里–厄恩斯特（Tita Kaisari-Ernst）对本书初稿提出的宝贵意见。

感谢家人和朋友的不离不弃。

特别感谢我的妻子安德烈亚（Andrea），感谢她的爱、支持和层出不穷的好主意。

欢迎你，
聪明的狐狸

大多数人都认为自己拥有自由意志，自己的路自己选。但道路有时清晰，有时迷茫……每次曲折、每个转角都在挑战我们的方向感。

《嗜血法医》（*Dexter*）
第六季第六集

公元前 650 年，希腊诗人阿奇罗库斯（Archilochus）将人分为两种类型：“刺猬”和“狐狸”。他说，“狐狸知道很多事情，而刺猬只知道一件大事”。狐狸足智多谋，但在刺猬专一的目标面前也无能为力。

刺猬型专家会在一件事情上深入研究，可以把一件事做到极致，并在这方面成为杰出的人。

而那些多才多艺的狐狸……是的，我们拥有广阔的视野、各种各样的想法以及广泛的兴趣。我们天生对很多事感兴趣，却没有足够的时间挨个尝试。就像 21 世纪的达·芬奇一样，我们喜欢（通常也很擅长）多种不相关的活动：艺术、手工、写作、高尔夫球、唱歌……我们可能已经试过了，或者正想去试试。而且，我们学得很快。

但是——总会有个“但是”，对于那些试图同时做很多件事的人来说，变化无常是他们难以摆脱的阴影。

刺猬不需要复杂的计划，它们的目标是成功，那狐狸的目标是什么呢？

本书为那些心存疑虑的狐狸而写：正是由于我们对太多东西都充满热情，所以没能抓住在任何一个方面取得成就的机会。如果我们一直在变，我们就真的哪儿也去不了，你是否也意识到这个问题了呢？

在充满“激情”的众多事情中，有一项或两项人生使命正等着我们来发现。如果我们真的是狐狸，不妨利用我们的聪明才智来嗅出它的气味，发现路径，并一往无前地去追捕它。

请开始你的探索吧！

目录

我写得开心，也祝你读得开心……001

第一部分　识别你中的诅咒

一　达·芬奇诅咒……009

二　我们生活在一个垂直的世界……027

三　生命、宇宙和一切的答案……037

四　被诅咒的迹象：回避、反复无常、受阻碍……049

五　阴暗面藏着另一半的你……061

六 个性化：生存还是毁灭 077

七 成年礼：步入新世界 089

第二部分 过滤，找到你的人生使命

八 梦想清单 101

九 愿望vs.天赋vs.金钱 121

十 确定你喜欢的工作、领域和角色 135

十一 平衡的生活：构建你的金字塔 151

十二 是时候整合你的人生使命、爱好和机会了 161

十三 严肃地处理你的待办事项 169

第三部分 我们所能预料到的寻常挫折

十四 那些你必须面对的障碍清单……185

十五 那些你不必在意的"小事"清单……201

让我们重新开始吧……209

我写得开心，
也祝你
读得开心

在战斗学校，6 岁的安德·维金正面临被一个大男孩杀死的危险，而这个男孩惧怕安德的能力。安德是人类最后的希望，他要对抗即将到来的外星人入侵，这些外星人上次差点毁灭地球。

格拉夫上校：安德必须知道，无论发生什么事，都不会有任何成年人以任何方式帮助他。不懂这一点，他就永远达不到能力的顶峰。

佩斯将军：如果你错了，愿上帝能来帮你。

格拉夫上校：如果我错了，愿上帝能来帮我们。

《安德的游戏》（*Ender's Game*）

奥森·斯科特·卡德（Orson Scott Card）

这本书不包括以下内容

这不是一本励志书。当然，就像看其他书一样，看这本书对你大有裨益。书里的故事都是我自己或者是我认识的人的亲身经历，而不是想象中的“艾琳”或“乔”的故事。

这不是一本新时代书。里面没有“秘密”或其他形式的一厢情愿的想法。如果有的话，我也是在抨击那些简易的解决办法。

这不是一本心理学书。但书里会经常引用著名心理学家的理论。

这不是一本时间管理书。但它包含了一些有关时间管理的具体建议。一旦你决定把时间合理分配到想做的事情中去，时间管理随之开始：这才是本书的内容。

这不是一本学术著作。我竭尽所能写得严谨而详尽，却又做不到过于正式缜密；本书只陈述观点，不长篇大论。我写得开心，也祝你读得开心。

这本书包含以下内容

这本书是一部合集，能让你发现自己的爱好、才能和机会，并从中受益。

这本书是写给那些才华横溢、激情澎湃、兴趣多元、热情奔放的人的，一切都来去匆匆，他们常常感觉自己一直在寻找却始终一无所获。

我将用长达两页的篇幅描述一位多才多艺的人，如果你也感同身受，那么我相信你一定会喜欢这本书。

当你读完这本书的时候，你应该能做到以下几点：

- 明确自己真正的兴趣所在，发现这些兴趣之间以及它们与你的生活之间的关系。
- 了解哪些兴趣至关重要，哪些兴趣微不足道。
- 设定你对每一项活动的参与度。
- 制订一个宏伟的计划，按照重要性排序依次实施。
- 产生愉快的阅读体验！

我不是任何人的生活榜样，本书只是分享我的个人想法和心得的一种方式。书里的某些内容你未必赞同，你对它不必全盘接受，只要享受阅读的乐趣就好。

我们开始吧

长大就意味着不会再有成年人来帮我们了。父母、老师、老板、导师、治疗师都不知道我们将走向何方，唯一知道的人是我们自己。如果不把自己当成灵魂的核心，我们将永远到不了能力之巅。

第一部分
识别你中的诅咒

一

达·芬奇诅咒

亚历克斯·弗莱彻是20世纪80年代著名的歌手，是目前还在奋斗着的独唱艺术家。他应邀给流行乐坛的头号巨星科拉·科尔曼创作一首新的热门歌曲。亚历克斯自己无法写出任何像样的歌词，于是说服负责打理花园的年轻女子苏菲·费舍尔，让她用自己令人难以置信且未被发掘的歌曲创作才华来帮助他。在客厅里坐了几个小时之后，苏菲一个字都没写出来，她打算放弃。

亚历克斯：什么，你要走了？

苏菲：是的，对不起。也许我以后会想出点什么来。

亚历克斯：没有以后，科拉明天就要这首歌。如果我们不给她，她就会去找别人，我的工作就丢了。

苏菲：对不起。我想帮你，真的。我想帮你完成，但我做不到。一有这种感觉我就什么都写不出来，我没有灵感！

亚历克斯：我不在乎！我不在乎你是否有灵感！灵感是给外行用的！

《音乐与歌词》（*Music and Lyrics*）

马克·劳伦斯（Marc Lawrence）

许多人在以一种枯燥、可预见的方式生活：出生、上学、工作、结婚、工作、生儿育女、工作、退休、死亡。

而我们的生活却不是这样，这个想法让我们感到沮丧，我们似乎正遭受着影响达·芬奇一生的相同诅咒：有多种才华和兴趣，但只有一次生命。

达·芬奇是多才多艺的典范，他是典型的“文艺复兴时期的人”：画家、雕塑家、建筑师、音乐家、科学家、数学家、工程师、发明家、解剖学家、地质学家、制图家、植物学家、作家……他有着“无法抑制的好奇心”和“狂热的创造性想象力”。

受达·芬奇诅咒困扰之人的典型特征：

- 热爱世界和其中的一切事物。
- 拥有良好的品位，欣赏和乐于从事艺术、音乐、探险、科学和数不清的其他活动。

- 拥有或曾经拥有过很多爱好：集邮、武术等。
- 已经不止一次改变职业，或者渴望改变。

我们中有些人意识到想实现某些梦想时已经太晚。假如你想成为一名世界级的小提琴家，而你已经 30 岁或 30 多岁，很遗憾，你不会有机会了。事实上，在这个竞争激烈的世界里，即使你只有 15 岁也没有机会。你应该像帕格尼尼或莫扎特那样，从 6 岁或 7 岁开始学习，但那样也不能保证你能达到他们的水平。

一个 7 岁的孩子如何知道他的余生想做一件什么事呢？任何一个 7 岁的孩子都梦想成为星际飞船指挥官、狮子猎人或镇上的治安官。帕格尼尼和莫扎特非凡的音乐才能背后，隐藏着受父母"虐待"的故事——父母会强迫他们去做那些孩子不愿意做的事情。

从小就很有天赋和高度专业化的神童与我们无关，我们与之恰恰相反。

不是神童的我们：

- 我们不再是小孩。
- 我们这个时代的发明不属于某个人，而属于高度专业化的、有公司资助的团队（团队的老板获得诺贝尔奖，制药公司获得专利）。

● 受达·芬奇诅咒困扰的不是某一个领域的天才，而是在多个领域有超常天赋和兴趣的人。

我认为，多才多艺的人实际上并不具备很多才能：他们拥有的一些基本才能是其他才能的基础。他们学得很快、有好奇心且记忆力很好。这些能力非常宝贵，却不能与在当今世界取得成功所需的坚持和自律相契合。刺猬精确瞄准靶心，狐狸则想一石数鸟。

成年人的生活中有多个明显不相容的愿望是“正常”的吗?

当然是正常的。世界上的知识早已不再是只有上层阶级才能获得。在古代，除了少数特权人物外，几乎没人会读书写字。如今，生活在自由世界的任何人都能用搜索引擎找到他们想了解的任何东西。与那些同时幻想去外太空、丛林和西部地区冒险的孩子不同，我们成年人有机会，也需要把梦想锚定在现实世界里。

在一个鼓励专业化的世界里，我们有希望过得快乐吗?

看情况，这取决于你的期望。世界无法满足自恋者的所有要求。我们可能永远不会获得奥斯卡奖，也不会成为总统，但作为成年人，如果已经准备好解读并突破内心的那些孩子气的幻想，我们也许仍能在生活中找到那个“为我特制”的东西，找到一项会召唤并挑战我们最高天赋和爱好的活动，一项让人产生使命感的活动。我们可能永远也不会成为宇航员或演奏家，但好消息是：许多天赋只有在成熟后才会完全绽放。

让我给你讲两个与音乐有关的故事吧。

一个来自我家乡的小伙子在学医，在经历了一段精神疲劳期之后，他接受建议暂停学习，把时间完全花在娱乐活动上。他从头开始学弹钢琴，最后成为一名独奏家，同时还担任专门训练其他独奏家的教练。目前，他每年会在阿根廷住 6 个月，再去洛杉矶住 6 个月。他还完成了医学课程，成为一名精神科医生。

另一个年轻人在南美最好的球队费罗卡里尔·奥斯特（Ferrocarril Oeste）的顶级联赛中打职业篮球。当意识到自己不再喜欢这项运动时，他马上决定弃队而去。在困惑中徘徊了一段时间后，一些朋友邀请他去听一场古典音乐会，从此他对大提琴着了迷。在接受了几年教育和训练之后，他移居西班牙，现在在巴塞罗那的几个管弦乐团演奏大提琴。他不是保罗·卡萨尔斯，也不是马友友，他不需要成为那样的人。他只是喜欢靠他钟爱的东西谋生。

这些达·芬奇诅咒类的故事并不少见。我们有天赋、有热情、有梦想，有时我们也有机会。

那我们缺什么呢？

拥有多种天赋和兴趣是一种特质，却不是一种健康的状况，它的种种迹象也不是很好。

受达·芬奇诅咒困扰的迹象：

- 肤浅感。我们自认是个“万事通”却没有一样精通。
- 时光飞逝感。时间流逝，但我们还没有找到“天生注定要做的事”。
- 挫败感。我们的童年梦想（无论是父母还是自己强加给自己的——现在已经无关紧要）还远没有变成现实。对于人到中年、略微发福、多才多艺的人来说，可供他们选择的宇航员职位不多了，不是吗？别担心，你很可能讨厌当宇航员。

上述感受有一个确切的功能：我们必须面对并理解。

受达·芬奇诅咒困扰的原因

是谁、是什么让我们变成这样的？为什么我们没有找到生命的激情并追随它呢？因为我们拥有高于平均水平的各种资源，但可选择的数量越多就越难选。或者事实更为消极：也许我们真的是见异思迁者和业余爱好者，这是常有的事。也许我们还是孩子的时候就已放弃理想，现在我们一直在寻找的那个完美的东西，终将被证明是得非所愿。

教育可能也发挥了一定的作用。不好的教育使许多人失去了天赋。我们的天赋就像自然资源一样，常常埋藏得很深，它们没有停留在表面上，需要创造适当的环境才能看到。或许我们所接受的教育迫使我们只能适应统一标准的内容，而不是去探索我们的本能和天赋，也没有足够复杂和深刻的东西来激发我们不平凡的个性。

教师对劳动力市场和不同类型的工作所涉及的知识知之甚少，孩子们从学校到工作岗位，几乎没有机会积累工作经验。很少有雇主被邀请到学校与学生交流；招聘会很少，就业指导服务也不是学校课程的标准组成部分。即使有就业指导服务，也缺乏资源、缺乏具体培训、缺少与教师和家长的协调工作。

不管是什么原因，我们长期以来都在回避冲突，想真正精通某事必然要面对这些冲突。我们从钢琴课跳到西班牙语课再跳到跆拳道课，在这个高度专业化的世界里，我们还没有找到自己的路，也没有勇敢地走下去。

把一厢情愿的想法抛诸脑后

让我们回溯一下古希腊。所谓的犬儒学派是苏格拉底的门徒们在公元前 5 世纪创立的一个思想流派。他们的哲学观念崇尚人与自然和谐相处的生活价值，摒弃一切对财富、权力和名望的传统需求。然而，他们在这条路上走得太远了，有些人甚至拒绝拥有一切财产。这种哲学中有意思的地方在于，“愤世嫉俗”一词源于希腊语的“像狗一样”，指的是一种不加修饰的直面生活的方式。

我相信已经有很多人讨论过达·芬奇诅咒的问题了，核心观点似乎只是为了让自己感觉更好——与愤世嫉俗不同，他们的方式充满了夸夸其谈和自我慰藉。

那些宽慰你的人告诉你的话：

- “拒绝选择，做你喜欢的事”。与此相反，我认为我们必须做出明智的选择。我们不可能做所有想做的事，我们想要做的大部分事情都是在浪费时间，是把注意力从生活中重要的事情上转移走。我们必须在诸多活动中分配好时间，而不是顺其自然，必须这样——至少要当回事。不要想着还有其他选择。我们应该仔细而明智地做出选择，选择一条注定要踏上的道路，其余的选择当作业余爱好就好。
- “接受你自己的样子”。原则上没错，但如果“我们自己的样子”并不是“我们想要或必须成为的样子”，该怎么办呢？我们的责任是改变自己，成长起来，而不仅仅是接受自己。
- “从小处着手，现在就开始”。然后呢？是像往常一样坚持几周后就放弃吗？不，我建议你先做计划，然后再开始。我相信比“开始”更重要的是“坚持”，渡过最初的困难时期。
- “不必费心去完成任何一件事”。真的假的？（我的确在一本书上看到过这个观点。）不把事情做完，我们只会吃亏。到达某个里程碑才能带给我们成就感。你的确不必在每一件事情上都获得博士学位，但如果你不打算从中受益，那么做一件事就毫无意义。

我建议老式的愤世嫉俗者诚实地看待自己的问题：反复无常、随波逐流和心怀不满；不要借助励志书来安慰自己、抚平挫折感，不要再想办法绕过它，而是想办法战胜它。

如果你自我认知的要求遭拒，最终可能导致死亡

个性化是我们的“小我”和“大我”之间的结合，也意味着自我实现。

“大我”是要求我们纠错的内在力量：

- 人们可能会将其解释为一种不断增强的内在冲动；它本质上是一种生理现象，却影响着我们的意识思维。
- 荣格心理学把它定义为最重要的基模，认为它是我们整个心理结构的中心。

“大我”要求我们改变的方式：

（按照强度升序排列）

- 幻想和渴望。帮助我们逃避现实。
- 梦。特别是那些把梦境解读成“你走错路了”的人！
- 噩梦。特别强烈的梦境，需要特别注意。
- 身体病痛。强加的不真实感可能是无意识的，但它会产生深刻的痛苦，有的人可能会因此生病。
- 人格障碍（神经症）。不管我们多么希望它保持安静，内在的召唤都会清晰显现。用荣格的话说就是：“神经症的功能与梦的功能没有区别，但它更有力、更剧烈。”
- 死亡。虽然这听起来很戏剧化。

不相信吗？荣格警告我们说：

如果一个人自我认知的要求遭到拒绝，这种消极的态度可能导致真正的死亡。只有了解自己才能走向解脱，拒绝了解自己的人将无路可走。通常情况下，人们不会意识到自己的处境，只能任由那些不可预见的危险摆布：他无法快速躲开一辆汽车；爬山时找不到立足点；外出滑雪时，他认为自己能爬上一个险坡；而在生病时，他却突然失去了活下去的勇气。无意识可以用上千种方式以惊人的速度扼杀无意义的生存。

即使你没有在滑雪事故中丧生，将来你会遇到什么呢？乌拉圭总统何塞·穆希卡（José Mujica）预言说：

> 我的同事们长期以来一直致力于把工作日的工作时间限制在 8 小时以内。现在，他们成功地把时间限制在了 6 个小时以内。但后来，他们找到了两份工作，工作量比以前多得多。这是为什么呢？因为他们要支付分期付款的账单，他们买小型摩托车，他们买小汽车……分期付款、分期付款……在意识到这一点之前，每个人都变成了像我一样的风湿病患者——一个意识到自己的生命行将结束的人。

不要再以错误的方式为错误的事情奋斗

我们没有过更简单、更朴素的生活，却在以错误的方式为错误的事情而奋斗。我们通过做糟糕的工作来负担不需要的东西，耗费时间，无法享受生活，也无法和所爱的人在一起。我们不愿花时间陪伴他们，为了能给他们买苹果手机和游戏机，我们每周不在家的时间达到 50 ～ 60 个小时，甚至更多，而不是通常的 40 小时，这样才能避免被裁掉。我们还试图爬上管理岗位，把工作量变得更多。

一旦回到家，我们常常通过以下方式来“放松”：

- 网络。可悲的电视购物节目，社交网络上的大量小猫咪的照片和无聊的笑话，明星主持的“真人秀”，新闻频道一遍又一遍循环播放的新闻，反复播放的无穷无尽的情景喜剧。
- “垃圾”。唯物主义泛滥，表现为人们认为 SUV 汽车、电视机、浓缩咖啡机、音响、电脑或智能手机都是必备品。我们不想因为自己的苹果手机型号不是最新款而被“朋友”瞧不起。
- 物质。如果内心的召唤无法停止，我们就用酒精淹没它，把它藏在烟雾里，把食物塞进它的嘴里，或者用药物把它从身上弄出来。

为什么我们坚持忽视内心的“召唤”呢？它是在召唤我们去追求另一种生活，一种更符合我们真正兴趣和才能的生活。

我们不去直视内心“召唤”的原因：

- 我们并没有真正理解这一召唤。我们把症状归因于各种心理疾病或器质性病变。
- 我们认为自己无法追随这一召唤。我们不会为了寻找人生使命而离开稳定的工作岗位，特别是这么做可能会影响到一个依赖我们的家庭的经济稳定。当然，不可否认，这是一项合理担忧。
- 我们害怕追随它。因为追随梦想会让别人心烦意乱，或者威胁到我们与周围人的关系。
- 毫无理由。这意味着我们完全忽视了背后的原因，无益的消遣、上瘾或对物质的追求，我们至今仍不清楚这样做的原因。

复杂的长期问题没有简短的答案。面对潜在的生活或职业改变是一个过程，需要仔细计划、机智执行，打破不稳定和分散的模式，以及其他说起来容易做起来难的事情。

请继续读下去。

放弃参加那些不合格的测试

你设想的人生使命是什么？从你记事起，你一直梦想着能够去做的那个神奇的活动是什么？

第一，这个活动可能一点儿也不神奇，除非你的梦想是被任命为霍格沃茨学院的教授。

第二，这个活动可能是你已经做过的，也可能是你目前正在做的（在这种情况下可能要做一些有效调整）。

第三，它不一定非得是一份工作、一种职业或一桩生意。在本书中，我们会经常讨论人们一直在努力面对的财务问题，但你想做的事也可能是非营利性的活动：一个纯粹的业余活动，一个人道主义的倡议，一项自愿的服务。这对那些年纪较大或经济需求已得到解决的人而言尤其有效。

第四，一个人的人生使命一定会比职业测试和个性测试所显示的结果要复杂得多，定义也要明确得多。

职业或个性测试本身可能是不合格的：

- 如果它们是基于才能的（“你有 66% 的可能是会计师，有 33% 的可能是建筑师”），其测试结果未必符合我们的愿望。
- 如果它们只是基于愿望，而不是基于赚钱的能力或机会，那就只是一厢情愿的想法。
- 如果它们没有涉及你的个性和你对工作环境的偏好（室内与室外、个人与团队等），那么这些测试的对象根本就不是我们。

既然我们引用了荣格的例子，在这里就不得不提到广受欢迎的迈尔斯 - 布里格斯类型指标测试。我在为这本书做资料收集的过程中发现，查阅的大部分资料迟早会把我们引向迈尔斯 - 布里格斯类型指标测试。也有一些学术心理学家批评该测试，称其缺乏令人信服的效度数据，缺乏统计有效性，可信度低。此外，使用迈尔斯 - 布里格斯类型指标测试作为你适合工作的预测指标在研究中没有获得支持，测试发明者自己也明确提出不建议这样使用。如果愿意，你可以参加在线测试。测试结果会根据你偏好的思维和行为方式，将你划入 16 种不同的性格类型中的一种。它可能会告诉你很多你已经知道的东西，但不会告诉你你一直在寻找的东西。

职业测试遵循“特质和因素”理论，其中涉及个体研究、职业调查与将个体研究和职业调查相匹配。问题是，测试提出者没有把兴趣、价值观、才能、成就和个性的成长和变化纳入试题。他们假设的是我们可以对某些独特的能力和特质模式进行客观的衡量，而事实上，人们不太容易符合这样的描述，更不用说我们这些受达·芬奇诅咒困扰的人了。

而我们在这里要探讨的是更深刻的东西，不仅是关于职业才能，不仅是关于我们个性的概括，不仅是关于时间管理。我们谈论的是有关我们是谁的问题，而不仅是我们在某种程度上可以做些什么。

我们的“人生使命”可能是这样的：

- 不简单，有些复杂，因为这是我们看待世界的方式。
- 不常见，有些特殊，因为受达·芬奇诅咒困扰的不是普通人。传统的东西无法满足我们，也无法让我们发挥最好的一面。
- 不平凡，是有意义的。

这一次，你是否受到鼓舞并没有那么重要，重要的是你是否准备好出汗了：我们还有很多页要读下去——都很容易理解，但有些不容易读懂。

二

我们生活在一个垂直的世界

约翰·华生被带到一个秘密地点去见一个神秘的人。华生拒绝坐下，尽管他站立着有些困难：他用手杖支撑着身体，因为他在阿富汗战争中中过枪。华生既不认识也不信任面前的男人。

男人：我想已经有人警告过你，离夏洛克·福尔摩斯远点儿，但我可以从你的左手看出你不打算这么做。

华生：我的手怎么了？

男人：你的左手有间歇性颤抖。你的心理医生认为这是创伤后应激障碍，她认为服兵役的记忆还在困扰你。

华生：你到底是谁？你怎么知道？

男人：解雇她，她搞错了方向。你现在压力很大，但你的手很稳定。你没有被战争困扰，你怀念战争。欢迎回来！是时候做出选择了，华生医生。

《神探夏洛克：粉色的研究》（*Sherlock—A Study in Pink*）

人类的梦想跟思想一样与生俱来。

一切都源于鼓舞人心、疯狂的“如果……会怎样”这一问题，然后它变成了实验，产生知识。如果可行，它就变成了设计（一个计划、一个程序、一种描述），然后又变成产品（包括服务和其他非物质的东西，比如软件、歌曲、互联网接入、慈善、出租车服务以及其他我们可能需要的东西）。

以 iPhone 为例，该产品的开发（从画在餐巾上的图到购买者口袋里的成品）涉及不同行业的不同知识领域（见图 2-1）。

你是否了解或认同以下任何角色?

- 哲学家、“空想家”。在苹果公司，这个人就是史蒂夫·乔布斯，或者任何一个能凭空想象一个苹果新产品出现在客户手中的人。这是一项活动的概念基础：一项通常限于小范围讨论、学术语境或公司战略保密会议的活动。

- 科学家。这是验证想法的一环。处于这个阶段意味着要用到高度抽象的逻辑和数学语言（任何可以称为“科学”的东西都以逻辑和［或］数学为基础），甚至创造能够探索这些想法的新科学工具。
- 设计师。你会看到设计师把那些抽象的想法变成了真实世界的应用。比如，把静电场畸变的发现运用在全新 iPad 的触摸屏上。设计师们主要负责将科学原理转化为实际应用。
- 工程师。工程师们会采用这些规范并使其发挥作用：将蓝图转化为真正的 iPad。是的，“书呆子”是新的“热门产品”。
- 组织者。必须有人协调和组织这些人及资源，确保这个组织在财务上的可持续性，不能违反法律，每个人都对自己的工作感到满意，并且在做一桩正经的生意——这些人是组织者，也称经理。
- 营销人员。只有营销人员才懂得如何将产品转化为受大众热捧的潮物——这样，苹果公司和其他雇用所有上述员工的公司才能成为《财富》500 强企业。
- 观察员、执法人员。如果不依法行事，观察员（记者、批评家、作家、律师）将关注相关现象并要求采取纠正行动；否则，执法人员（警察、法官等）将进行干预。

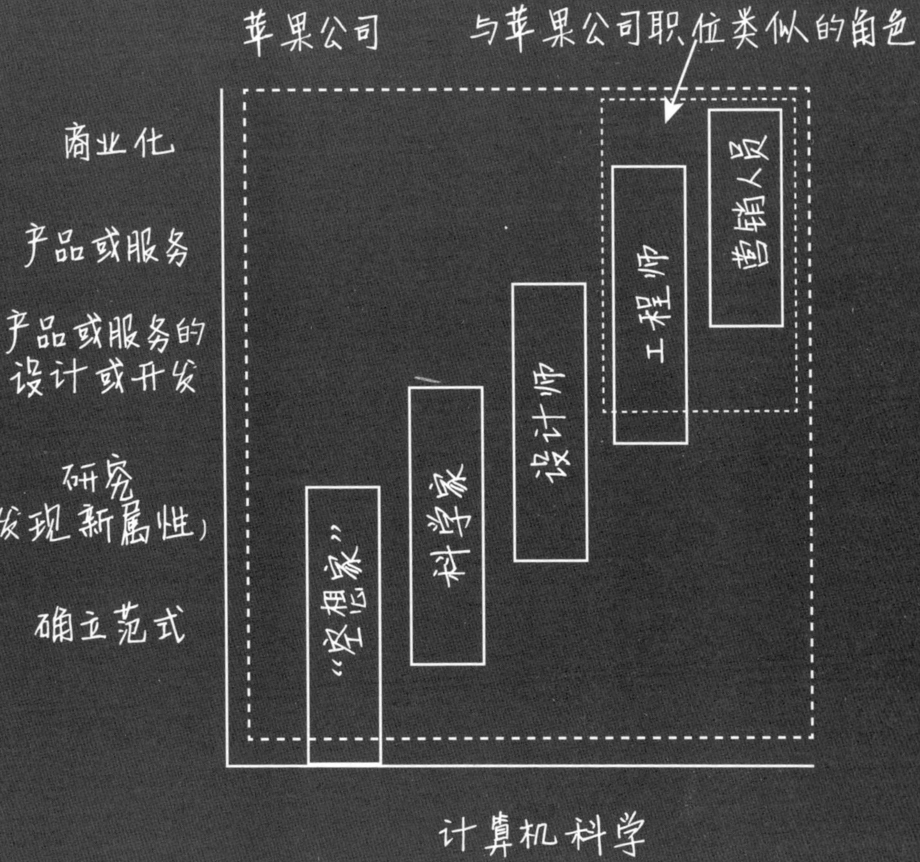

图2-1 产品开发过程中的各类角色

- 支持者。组织各层级都有教员、培训人员和帮助成员更好地开展工作的人员：他们是支持者（培训导师、技术员、保安、医生等）。
- 艺术家。艺术家们将把这个故事写成一本书、拍成一部电影、画出一部连环漫画或写出一首歌。

所有这一切都是为了告诉你一个悲哀的事实，一个受达·芬奇诅咒困扰的人不得不面对的事实：世界属于专家。

在达·芬奇的时代，情况正好相反。拥有广博知识的人可以领导（教导、影响、指挥、统治）或成为当权者——国王和其他贵族的宝贵资源，对他们来说，赋予其权力的是高贵的血统以及相关的财政和军事力量。

如果达·芬奇生活在我们这个时代，他会想要发明、设计和制造一台比 iPad 更酷的平板电脑；他会想成为达·芬奇股份有限公司的首席执行官，然后用他发明的摄影机拍一部关于这一切的电影。但他生产的平板电脑将会输给苹果公司，他会在奥斯卡奖项角逐中输给斯皮尔伯格，在相机市场会输给松下。因为在今天这个世界，我们想要获得几个领域的知识，就只能放弃对这些领域展开深度研究。

对于才华横溢的人来说，直到几年前，成为经理人还是一个不错的选择——这个职业可以让他们在一个组织内部的不同领域发挥不同的作用，但这种模式已经消失了。今天的经理人是高度专业化的：他们专门从事管理工作。他们是监督不同领域的“黑匣子”：投入、产出、成本和投资回报……人力资源经理也不例外，所以请不要认为公司的人力资源部门对你的职业发展负有责任，甚至对你的职业感兴趣。员工不再像以前那样可以得到照顾，公司现在把员工视为顾问：员工必须将知识和专业技能带给公司，而不是让公司教给自己。

世界属于专家，“万事通”无处可去

当下，在人类知识的某个领域里的某个阶段，一个人可以做出卓越的成绩。如果离开这个狭隘的专业领域，他们的能力限制就会变得越来越明显，这是因为“万事通”在我们这个时代已无处可去，“万事通”过时的主要原因有两个：

第一，人们不再喜欢“万事通”。

第二，没人能成为真正的“万事通”。

这个世界的数据量每隔几年就会翻一番：无论我们学得多快，与世界知识总量的爆炸性增长和获取知识的难易程度相比，我们学到的内容几乎为零。

想象一下下面的对话场景。

有人对你说：“我参与了瑞士奶酪的生产。”为了理解她的工作，我们还需要问她：“你说‘瑞士奶酪’是什么意思？你是负责生产、品尝、分销、供奶还是养奶牛？”

她说：“我在伯尔尼附近农村的工作与奶牛有关。”

我们还要再问：“‘有关’是什么意思？繁殖、挤奶、喂养？或者你是兽医？”

“是的，”她说，“我是一名兽医。”我们之所以不继续打听她的专长（是外科、生殖还是寄生虫学等），只是不想显得太好奇。

作为一个国家，瑞士以奶酪（当然还有银行、手表和巧克力）闻名。他们在营销课上教授的首要概念是：没有一家公司能够给其客户提供一切，公司必须有自己的市场定位，既要考虑能提供什么产品，又要考虑能提供给谁。即使是整家公司或整个国家也无法成为“万事通”，因此，一个人想要成为所有事情的专家简直是荒唐可笑。

由此可以看出，你的专业程度越低，你就离某个领域或市场的顶端越远。

请允许我分享一个小小的个人经历。我写过有史以来第一本关于一个特定主题的书：电吉他设计。可以想到这有多具体：这本书既不是关于音乐的，也不是关于乐器的，它甚至与吉他无关，只写电吉他，而且仅仅是设计电吉他。不是综述，不是历史，不是评价，不是营销，它必须非常具体。在当今世界，有针对性是保持原创性的唯一机会。

那么，受达·芬奇诅咒困扰的人应该怎么做呢？我们是否应该抛弃自己的爱好和能力，违背我们探索无限事物的愿望呢？我们应该抑制好奇心吗？我们是否应该把自己局限于一个微小、特定的知识领域里呢？

这些问题的答案是响亮的“当然不要”。

是时候做出选择了

一方面，我们有选择的余地：

- 举步不前——“做容易的事”。
- 忍辱负重——“做别人要你做的事”。
- 因循守旧——“保持不变”。

另一方面，我们有机会：

- 发掘我们的才能、愿望和可能性。
- 规划如何实现这些目标。
- 面对我们自己的抵抗和其他障碍。
- 找到一种方法，让我们复杂的个性在这个偏爱专家的世界中发挥作用，并在这个过程中变得不仅让自己满意，而且能实现自我，实现真正的个性化。

在内心深处，我们渴望与命运抗争。欢迎来战，是时候做出选择了！

三

生命、宇宙和一切的答案

福克和龙奇威尔是跨维度的生物，它们在 750 万年后再次访问迪普·索特。迪普·索特是有史以来最强大的超级计算机，它用 750 万年计算生命、宇宙和一切的答案，最后得出了结论。计算结束后，一群人举行了庆祝仪式。

迪普·索特：好吧，终极问题的答案……

（人群在期待中欢呼）

迪普·索特：关于生命、宇宙和一切的答案……是……

（欢呼声达到高潮）

迪普·索特：42！

（人群突然鸦雀无声，然后有人尖叫起来：42？）

迪普·索特：是的，我彻底检查过了……就是 42。当然，要知道真正的问题是什么，答案会更简单。

龙奇威尔：但这就是那个问题！终极问题！

迪普·索特：这不是一个问题。只有知道真正的问题，你才能明白答案的意思。

《银河系漫游指南》（*Hitchhiker's Guide to the Galaxy*）

加斯·詹宁斯（G. Jennings）

我选择以电影《银河系漫游指南》中的对话开启这一章，是因为它以想象力和幽默感回答了有史以来最宏大的问题：“生命的意义是什么？”

生命的意义是什么

当然，“42”是一个毫无意义的答案，但那是因为这个问题也毫无意义。

请允许我用一个先验性的命题所涵盖的逻辑来考虑这个问题。关于生命意义的问题可以分解成三个简单的问题：

第一，我们来自何方？

第二，我们死后会发生什么？

第三，个体在生死之间存在的原因或意义是什么？

第一个问题和第二个问题相对比较容易回答。

第一个问题的答案是“超新星”：它是形成于恒星核心的

复杂元素，最终被抛出核心，形成一个适合生物发生和进化的 M 型行星。第二个问题的答案是“无处可去”，走到尽头即为结束。

第三个问题的答案没有那么简单。这个问题与来世无关，只在于今生。

达尔文对这个问题的回答是：“生命的意义在于进化。”我认为，成为另一个连接古猿和跨人类物种的纽带这个前景听起来不是很令人兴奋，也不是很“个性化”。

有人认为生命的意义是无限、永恒，但为什么会是这样的呢？我读过一篇关于思维训练的文章，试图通过文章去理解无限和永恒的概念，具体内容是这样的：

> 想象一个地球大小的钢球，每万亿年会有一只苍蝇用它的一只翅膀碰一下这个球。当苍蝇翅膀的摩擦力把球磨光的时候，无限甚至还没有开始。

无论多大的数字与无穷大相比都显得无穷小。既然我们不能从不可理解的事物中推导出它的含义，那么就没有任何含义可以从无限的存在中推导出来。我认为永恒不可能是生命的答案，因为永恒的生命没有意义。追求永恒的话，我们的所有行为都将失去意义和相关性。在这里几千年，在那里几千亿年……一个永恒的存在要么注定永久改变（失去个性、人格和选择，完全变成别的东西），要么注定永远重复：不可避免地成为自身的复制品。

我们的大脑无法理解无限这个概念，也无法理解虚无、纯粹的能量和其他新时期里那些相当模糊的概念。永远以某种不确定的能量的形式存在，这听起来并不会让人觉得舒服，这样的阐释并不能解决我们在此时此刻寻找意义的问题。如果说有什么区别的话，那就是有限性是意义的赋予者。

“寻求和平”“提升我们的良知”“为他人的福祉做出贡献”……这些答案对我不起作用。我想知道我生命的意义，想知道我今生的意义。

否认对生命意义的追寻，只会让事情变得更糟

这不是古希腊式犬儒主义者的回答，而是愤世嫉俗者的回答，他们不信任别人，对整个人类和生活缺乏信心。他们说，“生活毫无意义，你最终会死去”，这是在用一种粗鲁的方式说“这个问题太深刻、太复杂，无法理解”。

不是这样的。我理解这个问题，也许答案很深刻，但问题本身相当简单。

我们可以否认这个问题的存在：

- 生活毫无意义。
- 生命或人类的存在没有真正的意义或目的，因为它

是自然界随机发生的现象，所以它没有意欲达到的目的。

- 生命没有意义，但人类可以赋予它意义或目的，以证明我们的存在是正确的，或更容易熬下去。
- 一个人不必一定要了解并理解生命的意义，没有为什么。
- 不要去想它。如果你寻找生命的意义，你将无法活下去。生命的意义就是忘记对生命意义的追寻。

是的，我们可以把头藏进洞里，忽略或否认这个问题。但这样做未必行得通。即使可行，也会让事情变得更糟。

此外，否认这个问题还会使我们失去一个理智解决它的机会：

> 对意义的追求可能会引起内心的紧张，而不是内心的平衡。然而，这种紧张才是心理健康不可或缺的先决条件。

库尔特·哥德尔是 20 世纪伟大的逻辑学家和数学家之一，他逃离故乡奥地利，躲避在欧洲不断扩张的纳粹政权。哥德尔以自己的名字命名了一条定理，也称“不完备性定理”，该定理提出：有些真理不能在最初提出命题的理论框架中被证明。

这个定理当然是为了用在形式逻辑的领域里，不应该轻易断章取义地把它与生命的意义联系起来。然而有趣的是，另一位与哥德尔同时代的奥地利人——哲学家路德维希·维特根斯坦认为，关于生命意义的问题，在语言这一逻辑范畴内无法解决，即毫无意义。维特根斯坦在他的《哲学评论》（*Philosophical Remarks*）中提出：

> 问题的意义在于回答问题的方法。告诉我你的寻找方式，我会告诉你，你在寻找的是什么。

所以你看，我们对生命意义的问题可以给出答案，但不是用语言。为了有效地给出答案，这个问题需要借助语言之外的一个领域来理解。这个领域就是行动，这是“生命”的另一个同义词。

这就好比问国际象棋大师“最好的棋步是什么”，然后欣赏他脸上困惑的表情。当然，这样的棋并不存在。人类的生存也是如此，但我们仍然在不断地问这个问题。人们最多只能给出工程师们最常用的回答：“嗯，这要视情况而定。”这不是错误答案。范围决定了我们试图给出的答案。不完备性定理也适用于此：关于这个问题我们可以谈论很长时间，但我们说的都不能解决这个问题。语言是说不出来的，因为问题的核心不是象征性或虚构的，而是真实的。

换个问题，你现在的所作所为对你有什么意义？

符号“5+7=12”之所以有意义，是因为它们代表了某种东西。它们是抽象的，等式中的数字可以代表帽子、蚂蚁、汽车，或者你所说的任何东西。5 个星系加 7 个星系等于 12 个星系。不可思议的是，纸上的墨水痕迹可以帮助我们“操纵”天文维度的物体，不是吗？简单中蕴含着表现的力量。

“含义”是“代表”的同义词。出于经济、简化、实用或交流的原因，我们用一些东西来代表另一些东西，比如用符号或标志来代表物品、想法、数据、概念。当你说“我的生活”时，你指的不是一件事，而是一个过程——你的生存过程。这就是“我的生活”这几个字所表达的隐喻。但你的真实生活不能代表任何东西。相反，它呈现了一些东西——它自己。

想想“树”这个字，当你读到它的时候，脑海中会浮现出一棵树的形象——具体的某一棵树。树这个字有象征性（能指），你脑海中形成的图像是虚构的（所指），而当你向窗外看时看到的树（树本身，而不是视网膜中关于树的图像）是真实的。

生命就像真实的树。不是“生命”这个词，也不是你读到“生活”这个词时你的理解，不是你对你的生活的理解，而是你真实的生活。它就是它，它不象征任何东西。因此，它本身没有意义。

这是不是意味着生活毫无意义呢？

这得视情况而定。

维克多·弗兰克尔是一位神经学家和精神病学家，同时也是大屠杀的幸存者。弗兰克尔是意义治疗学的创始人——意义治疗学是一种存在主义分析形式，也是人本主义心理学家的一个重要灵感来源。他的畅销书《活出生命的意义》记录了他在集中营的经历，并描写了他在各种生存条件下寻找生命意义的心理治疗方法。在美国国会图书馆进行的一项调查中，这本书被评为美国有史以来最具影响力的十本书之一。书中有这样一段话：

> 人类对生命意义的追求是其生存的主要动机，而不是受本能驱动的“次级合理化”。这一意义独特而具体，因为它必须而且只由一个人独自实现。只有这样，它所达到的意义境界才能让自己的意愿得到满足。

如果说“生命的意义是什么”这个问题没有真正的意义，那么我们就离提出一个正确的问题更近了一步，这个问题是：“我现在的所作所为对我以及我所关心的人有什么意义？”

同样，言语不足以给出回答。

行动，对自己的生活负责

关于生命意义的问题不应成为一个问题，而应是一个答案，只能在超越语言的领域中表达：行动。

我们认为自己是提出问题的人，但实际上我们是这些问题的解答者。我们必须对生活负责，对自己的生活负责。

对自己的生活负责

- 不完美、有局限性和有限性对生命意义而言至关重要。完美和无限性没有任何界限，因此作为意义的定义是无效的，因为赋予意义就是对某物的区分、限制和指导。
- 矛盾的是，挫折和不满正是寻求意义的触发因素。
- 生命的意义作为一个问题，本身毫无意义。生活也许是一派胡言，但如果我们不能忍受这些胡言乱语，并不去试着理解它，我们就永远活不下去。

关于生命意义的答案可以有以下几种形式:

- 经历某些事（善良、美丽、真实）或找到某个人（爱上另一个人）。
- 对待不可避免的痛苦时我们的态度。当面对无望的局面时，我们有机会将个人悲剧转变为胜利：我们面临着改变自己的挑战。

- 创作一件作品或做一件事。

本书采取的是“创作一件作品或做一件事”。注意看上面的动词，“经历”“面对”“创作”。显而易见，行动是重点。

受达·芬奇诅咒困扰的人具有多方面的潜力，但这是短期的、有待完善的。谁在乎你是否会成为一名出色的医生或伟大的小说家？毕竟，如果你本可以成为什么，但你没有，这说明你可能没发挥你的潜力。但是，一旦你写完了一部小说、拿到了文凭或者做了小生意，你的潜力就会变成现实。用弗兰克尔的话来说，你的潜力完全发挥出来了，它永远属于你。

这就是生活的答案：不要在生活中寻找意义，而是给生活赋予意义。

现在，宇宙和万物的答案都变得很明了了。

答案是“42”。

四

被诅咒的迹象：回避、反复无常、受阻碍

尼奥是那个被认为能在机器起义中拯救人类的人。尼奥在被史密斯探员殴打之后，脸朝下躺在大街上。史密斯探员是一个人造的、有知觉的邪恶的混合体。尼奥做出了超人的努力，踉跄着站了起来。

史密斯：为什么？你为什么要这么做？为什么起来？为什么要继续战斗？你相信你在为某件事而战，那你能告诉我那是什么吗？它是自由，是真理，还是和平？这都是幻觉，你赢不了的，继续战斗是没有意义的！为什么你要坚持？

尼奥：因为我选择继续战斗。

《黑客帝国：矩阵革命》（*The Matrix-Revolutions*）

安迪·沃卓斯基和拉娜·沃卓斯基（A. and L. Wachowski）

当事情变得艰难时，艰难会继续，但我们不会。

当事情进展顺利时，受达·芬奇诅咒困扰的我们只会调头去寻找其他东西。

我们经历了一波又一波的热情高涨，但无法继续跨越最初的障碍，我们离在某一领域做得如鱼得水还差得远。对于想要去做的事情，我们总是会改变主意。当一项活动变得太难挑战时（这标志着我们即将超越初级水平），我们会感到无聊并选择放弃。

达·芬奇本人就是反复无常的典型。达·芬奇传记的第一位写作者乔治·瓦萨里（Giorgio Vasari）在一篇题为《伟大的莱昂纳多：一个无与伦比的业余爱好者》（*The Great Leonardo: A Dilettante Without Peer*）的文章中这样评价达·芬奇：

> 他对自己的作品谈得比他所完成的多。很多事情都没做完，尚未完成几乎是他所有计划的宿命。《最后的晚餐》尚未完成，经过 4 年的创作，《蒙娜丽莎》

尚未完成；对于阿努齐亚塔的修道士来说，他甚至都没开始画祭坛的装饰画。

就连教皇利奥十世在谈及与达·芬奇在罗马共度 3 年时光时也说道：

> 这个人永远不会完成任何事，因为他在开始做之前就在考虑结束。

500 年后，我们仍然在谈论的这个永远不会完成任何事情的人是人类已知的伟大的创造者之一，这也许是一种安慰。

我认为，即使受达·芬奇诅咒困扰的人没有完成任何事，我们也不会空手而归。那些在几周、几天，甚至几个小时后就放弃了新爱好的人确实取得过一些成就：我们在这个过程的初期就得到了要寻找的东西，然后就失去了兴趣。在那一刻什么东西得到了满足呢？在我们想要离开的那一刻之前，我们得到了什么呢？

你是否会在以下的一个或多个选项中认出自己：

- 感受发现的喜悦。在各个活动之间快速转换的人只是满足了短暂的好奇心。我们生活在迷恋中，我们第一次听到中提琴的声音就为之着迷；关于大爆炸的一些惊人的事实让我们觉得自己生来就是为了揭开宇宙的奥秘。然而，在最初的奥秘破解之后，新事物的吸引力也随之减弱。我们开始重新考虑代价问题，担心我们可能会失去机会去做更好的事情。

- 美化我们的个性。我们收集经验的徽章，向别人夸耀"我会烹饪""我会空手道""我是一个吉他手"或其他诸如此类的活动。我们只坚持到入门阶段，这在某种程度上可以美化我们的"万事通简历"。
- 验证自己的才能。我发现了一个有趣的公式：现代艺术 =“呸，我能做！”+“是的，但你没做”。也许我们只是想达到这样一个点，在这个点上证明自己做得到，就像探索自己的极限一样。这就像在说："看到了吗？我可以成为一个伟大的弓箭手！"然后转头就开始寻找下一项挑战，以确认个人潜力的广度。
- 避免精力投资。也许我们过早地放弃爱好和事业只是一种策略，是为了避免在真正掌握它们之前，在某一次努力中做出牺牲。
- 害怕与他人竞争。在体育运动或其他领域，提高技能的一个好方法是与比我们稍强的人对抗，但有些人就是不想被打败。

- 拒绝掌握知识所需的付出。学习一门新的学科或进入一个新的专业需要敬业精神：参加常规课程、定期练习、学习……不认真是让我们来去自由的一种方式。
- 成为他人评价的对象。也许我们对反馈太敏感，把自己看得太重。也许我们还没有意识到这样一个基本事实：我们必须从学生做起，而不是从大师做起——又一个自负的标志挡住了我们的去路。
- 作秀。要想在某件事上出类拔萃，可能需要几年的时间，而我们认为获得一种化妆品般的“灵气”就足够了。“我正沉迷于13世纪和16世纪的日本文化，非常有趣”，这是一个典型的开场白，可以用在约会对象身上。这个开场白有时会管用，但也有聪明人能看穿我们的伪饰。
- 被理论和实践所阻挡。我们中的有些人对事物的逻辑、理论和哲学基础着迷，但当必须把它们与实践相结合时，我们就失去了兴趣，反之亦然。我们是实干家，一旦为了保持先进性而不得不更深入地钻研理论时，我们就会对某些东西失去兴趣。

18岁时，我对古典音乐产生了浓厚的兴趣，开始学习小提琴，这是一种需要投入大量精力和经常练习的乐器，更不用说先要学习如何读懂乐谱了。几个月后，我退学了，只是偶尔在房间里胡乱摆弄。又过了一个月，我去学了空手道，掌握音乐理论所需的付出把我吓跑了。

不知道自己想要什么，但知道自己不要什么

也许我们只是不知道自己想要什么。我们可能认为自己是在寻找幸福，但也许我们根本不是在寻找幸福。当代文化批评家齐泽克说：

> 幸福对我来说更像是一种妥协。人们并不是真的想要或渴望幸福，我认为这是一件好事。举例来说，当你处于一种创造性的努力中，驱使你的是一种奇妙的狂热，“哦，天呐，我喜欢上了某个东西”。幸福不会进入你的内心：你已经准备好受苦了。幸福对我来说属于一个不道德的范畴。

过于适应社会期望我们扮演的角色

也许我们过于适应或试图适应社会期望我们扮演的角色了，对女性来说尤其如此。

当我们在聚会上遇到陌生人时，我们会试着快速勾勒出眼前人的印象。对男性来说，我们认为最能决定他们个性的因素是职业。“你是干什么的？”是个合格的问题。但对女性来说，

如果只能问一个问题，我们会认为她的家庭状况更能说明问题。一个女性是否结婚，是否有孩子，是否离婚，是否为同性恋……这就是我们用来描述一个人的依据。

正如作家阿兰·德·波顿（Alain de Botton）所说，这种态度有点势利，因为我们只撷取了一个人生活中的一小部分，并以此为基础形成对这个人的完整认识。

人们期望男性事业成功，期望女性以家庭为中心，而男性没有孩子不需要解释原因。我们跳进了一个陷阱。就像有人在地上用粉笔画出一个身体轮廓，我们就这样走过去，躺进里面，接受社会或自己预先设定的形状。

从这个意义上说，现在的情况比三四十年前要好。但我们仍然会通过一个人对传统社会角色的适应度来定义他，对自己也是这样。

墙的另一边是什么？
迫使你做出改变的 6 大动机

以下是可能迫使你做出改变的 6 大动机：

---

1. 提高工作满意度。与更多的人接触或单干，或者把室内工作换成户外工作，反之亦然。糟糕的老板，糟糕的日程安排，糟糕的公司……简而言之：把糟糕的工作一天天变得更好。

2. 得到认可或社会地位。你想得到什么样的认可？羡慕、尊重、高智商、体力好、受欢迎？自相矛盾的是，一个有成就感的人会把更积极的形象传递给外界，因为他很少花精力来展示自己的外貌——在社交网络上展示自己的财产、头衔和度假照片，而他真正的个性却可以通过幽默、创造力和自我表达而闪耀。作为社会性动物，我们不仅需要银行货币，也需要社会货币。我们需要被同事、老板、朋友和爱人接受……这自然又合理，除非我们变得过于依赖这些才会发生相反的情况：失去我们拼命寻找的认同感。我们只是想交朋友吗？只是想遇见浪漫的伴侣吗？对于走在一条明确的道路上的人来说，认同感是自然发生的，而不是“乞求”得来的。
3. 留下遗产。我们的内心会问：“如果我们能够在世上留下自己的印记，为什么还要任由雁过无痕呢？”
4. 帮助他人。也许那“留在世上的印记”没有通过交响乐或其他华丽和雄心勃勃的方式表达出来，也许它意味着其他人得到了我们的爱、帮助和希望，这其实都是在充分利用我们的天赋来分享这种人情味。
5. 追求幸福和意义。我们不想也不能从一个周末直接跳到另一个周末，不想从一个假期跳到另一个假期，也不想从购物中寻求一种暂时的成就感。在这一点上，可供选择的办法可以被简化为“改变和受苦”或“不改变和受更多苦”。

6. 为了钱。你想要的是钱吗？当然这也不是什么坏事。金钱买不到幸福，却是缓解紧张状况的良药。

尽量弄到你需要的钱，尽可能多地争取时间

数以百计的书告诉我们“你也可以变得富有”“拥有财富”等。科学研究确实证实了金钱和幸福之间的直接关系。但有趣的是，富有与幸福之间并没有直接的关系，即“收入更高”并不一定意味着“更加幸福”。人们的幸福水平与年收入水平的相关性在年收入 6 万美元之后变成了水平状态。在其他条件不变的情况下，如果你每年挣6万美元而不是3万美元，你很可能会更快乐，但如果你一年挣 100 万美元而不是 6 万美元（或五口之家的人均年收入约为 1.2 万美元），你也不会有更明显的幸福感。

《富爸爸，穷爸爸》《思考致富》……这些书确实很有趣，但梦想成为富翁大多是一厢情愿的想法，根本不是个性化或快乐的必要条件。合理的财富是更现实的目标，可以实现，而且不一定会耗尽所有人（富人和穷人都一样）拥有的最重要的资源：时间。时间是不可再生、稀缺、不可购买的无价资源。

我的建议是：尽量弄到你需要的钱，尽可能多地争取时间。怎么做？当然是不要把钱和时间花在各种事情上，而是把它们两个集中在最基本的事情上。

摆脱变化无常的唯一方法

荣耀、复仇、名声、认同、财富，当这一切都实现了之后呢？放纵一下：把你的幻想录像放到最后。当你打败所有的敌人，当你开着劳斯莱斯，当你的照片出现在每一本杂志上……实际上会有什么改变吗？

我怀疑，如果我们所做的事情没有满足内心渴望的意义，一切都不会发生根本性改变。

说起来容易做起来难，你要做到三点：一是明智地选择；二是做计划；三是坚持。

最难的部分是第三点：将受达·芬奇诅咒困扰的人恐惧和憎恨的这两个概念付诸实践都需要勇气。这是我们必须在自己身上培养的东西，没有一本书能指导我们做到这一点。

让我们找到一个任务并坚持下去。坚持下去，哪怕只是因为我们选择这样做。

五

阴暗面藏着另一半的你

天行者阿纳金发现帕尔帕廷皇帝是银河共和国陷落背后的元凶。利用阿纳金对绝地委员会的不信任，帕尔帕廷试图把他吸引到原力黑暗面。阿纳金愤怒地点燃了他的光剑。

帕尔帕廷：你要杀了我吗？

阿纳金：我当然想！

帕尔帕廷：我知道你会……我能感觉到你的愤怒……愤怒能让你集中精神！让你变得更强大！

《星球大战 3》（*Star Wars-Episode III*）

乔治·卢卡斯（George Lucas）

典型的励志书籍告诉人们，“你是一个美丽的人，一个发光的存在，一个潜力无限的……”但本书不是一本典型的励志读物，我要说一些你不想听的东西。

好了，开始吧。可以肯定的是，你不会喜欢的。

你的一部分你并不了解。这个部分黑暗、肮脏，有时甚至致命。它是如此黑暗、肮脏、致命，你甚至没有注意到它对你的控制。

但这对于受达·芬奇诅咒困扰的人来说却是个好消息。这个黑暗、无意识的部分可能隐藏着需要我们发掘的潜能，以便找到我们的人生使命。

乔哈里视窗：带你进入你的“阴影”部分

本书的其余部分将通过研究我们的激情来帮助我们找到人生使命，所以要搞清楚我们真正谈论的是谁的激情，这很重要。如果我们的性格中有些部分是自己不知道的，那么不可避免的是，我们通过否认忽略了自己的分析。

你可能对下一页的图 5-1 很熟悉，这个图叫“乔哈里视窗”。它根据我们和其他人对自己的了解，显示了我们性格中不同方面的相对“大小”。

我想要讨论图中用竖直的箭头表示的“自知”部分：箭头把已知的自我和未知的自我分隔开来的那条线推得更远了，通过一个我们称为“与阴影交朋友”的过程来缩小未知的区域。当进一步了解自己的时候，我们有可能把它变成“开放区”的一部分，或者把它放到我们的“隐秘区”，以确保别人看不到。

本章将聚焦于未知区，它包括我们忽视的所有关于自己的一切，而我们忽视的其他东西可以继续视而不见！

“阴影”是荣格的主要原型之一，是人类最基本的概念和经验的本能、普遍、象征性的表达。阴影包含了我们通过否认而拒绝的一切。我们否认的东西并不一定是邪恶的，但我们在生活中给它们贴上了负面、可耻、不恰当的标签。它们是消极的，因为受到压抑，所以也是原生的。压抑无法削弱它们的力量，但会让它们变得让人意识不到，也不受控制，还总是与我们所声称的理想和一厢情愿的努力唱反调。个人的阴影也与大众的阴影相关，表现为我们所处的社会中被忽视和被压制的价值观的总和。

与阴影交锋，即面对我们否认的一部分自我在个性化的过程中起着主要作用，个性化意味着将一个支离破碎、相互冲突的自我整合成一个功能齐全、稳定的整体。

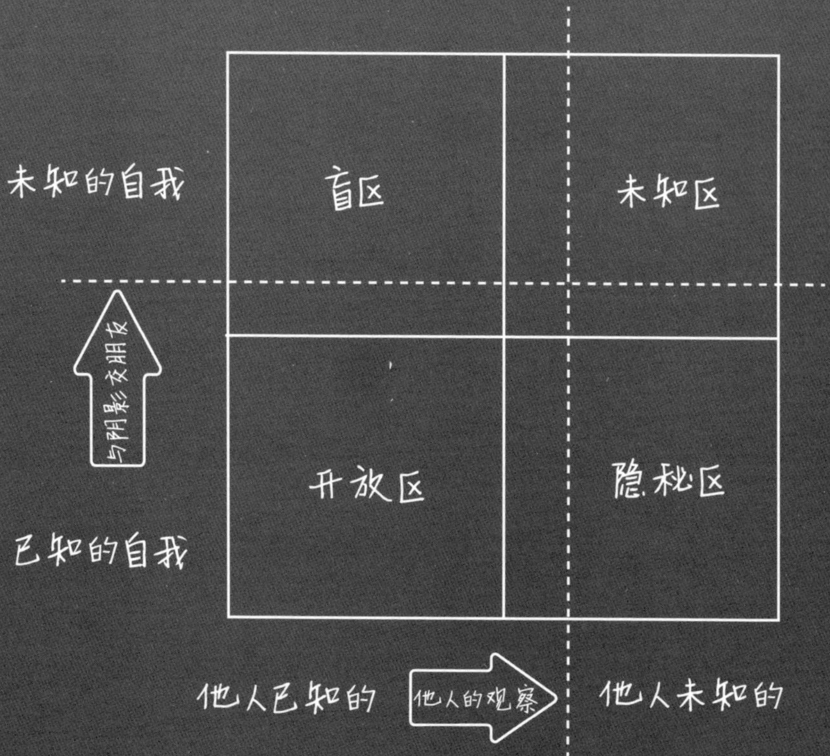

图5-1 乔哈里视窗

亚伯拉罕·马斯洛把个性化（荣格的一个术语）称为“自我实现”：

> 自我实现的愿望，就是个人实现其潜能的倾向。这种倾向可以表述为愿望，变成那个越来越想成为的人，成就自己能成就的一切。

既然个性化是我们一生都要面对的任务，尤其是在下半辈子，那么只有解决无意识冲突才能让我们成为自己。

阴影的作用至关重要。如果我们不把自己的阴暗面展现出来，我们可能永远无法与世界相连。为了控制黑暗特质，我们必须完成一个循环：否认、投射、理解和融合。

如果阴影部分是未知的，
我们应该怎样面对它

但如果阴影部分是未知的，我们该怎样面对它呢？接下来就让我们揭开它的面纱。

阴影会以有趣的方式表现出来：

- 出现在我们的梦中。阴影以特定角色的形式出现在我们的梦中。怪物、敌人、被鄙视的或邪恶的角

色，通常与做梦者同一性别。因为它代表着我们遥远、原始和不分青红皂白的一面，它可能具有一些黑暗的特征，比如穿着黑色衣服或蒙面。事实上，我们梦中的每一个角色都是不为人知的自己，因为梦是我们心灵的表征。

- 投射到其他人身上。每个人身上都有阴影，阴影在我们清醒的生活中表现得越少，它就越黑越浓。通常否认阴影的方法（矛盾的是，这也是暴露阴影的方法）是把阴影投射到其他人身上，而我们越否认自己身上的黑暗特质，就越会把它们投射出去。阴影的投射是一种防御机制。没错，有时候别人搞砸了，我们会对其感到愤怒和失望。但是在多数情况下，我们在别人身上看到的负面情绪只不过是我们在否定自己身上的负面情绪。因为看到自己身上的负面情绪很痛苦，于是那种黑暗就从我们身上投射出去，笼罩在其他人身上。但黑暗的源头是我们，否认我们投射出黑暗这一事实是双重否定。相反，我们可以保持警觉，一旦察觉到自己对其他人（尤其是与你同性别的人）感到憎恨、愤怒或其他形式的蔑视，就需要试着去理解让我们同样感到烦恼的事是如何出现在彼此身上的。

恐惧和愤怒的真正原因往往与本人的吸引力有关——这种情况会给自己和他人的关系带来风险并产生压力。因此，这种对自己的否定只能出现在其他地方。在哪里呢？在外面，在别人身上。

承认这些压抑因素的存在是走向个性化最重要的一步。通过与阴影交朋友，可以弄清楚把我们分成两部分的过程：一部分是我们认为的自己，一部分是我们否认的自己。

看到没？我说过你不会喜欢的。

阴影的压抑本质是社会强加的

阴影的压抑本质是社会强加的：

- 伪哲学。自我接纳、新世纪和其他一些流行的运动欺骗我们，使我们以为自己是“光之所在”，因此否认有光的地方必然存在阴影。
- 精神启蒙。由一个行业带头，编造一个故事让我们相信自己应该与宇宙和其他宏伟的事物合而为一，否则就毫无意义。

我试过冥想，效果很好，但我不觉得自己与万物是一体。我想让自己与众不同，想了解自己和这个世界。

面具：掩盖你的真实本性，展示规训后的你

其他人看到的我们只是一个面具，用于向世界展示自己、给人留下印象，同时还掩盖了我们的真实本性。其他人看到的那个“人”实际上只是一个面具，“面具”一词来自拉丁语 per sonare，是“发出声音”的意思，它在古代有面具的功能，演员用它既能增加声音的共鸣，又可以扮演某种角色。

这个人是我们称为“我”的那个人的一个删减版。但这还不止于此：我们所说的“我”是真实的我的删减版，它包含了压抑和被遗忘的自我，包括被否认的性冲动、敌意、攻击性，以及其他在我们心理发展时造成麻烦和难以控制的冲动。

为什么说梦境是相反的

我们的无意识里还包含了“阿尼玛”或“阿尼姆斯”[①]，一种代表了男性意识组成里的女性一面和女性意识组成里的男性一面的原型。

我们并不是百分之百的男性或女性，也就是说，通常归于某一性别的特征也会表现在另一性别身上。男人可以是直觉、有洞察力、细心、体贴、有爱心和温柔的——所有这些特征在生物学层面都与催产素有关，催产素是荷尔蒙，常见于女性体

① 阿尼玛和阿尼姆斯是荣格提出的两种重要原型。——编者注

内。女性可以是强壮、果断、对抗、防御和冲动的——这些特质与睾丸激素有关，睾丸激素主要存在于男性体内。但在社会生活中，通过预期社会角色的强化，会让我们压抑那些对立的性别特征，不表现出来。出于这个原因，我们的“异性自我”就会以无意识的方式出现，比如出现在梦中。

在梦中，对立性别的一面通常是一个与做梦者性别相反的人物，他会帮助或引导我们克服梦中的困境。

阿尼玛或阿尼姆斯的形象也是神话故事中不可分割的一部分，主要通过艺术和文化的形式来表现。

和所有原型一样，阿尼玛或阿尼姆斯有积极的一面，也有消极的一面。梦是一种补偿，是一种基于截然对立的机制：它们指示的是我们在清醒时所缺少的东西。如果我们睡觉时感到饿了或渴了，我们就会梦见吃或喝；如果我们在现实生活中回避了一些冲突，冲突就会在梦中试图引起我们的注意。例如，冲突会表现为一个追逐我们的怪物，以此告诉我们“不要再躲避我，直面我”。

阴影经常出现在梦中，而在清醒的时候，阴影通过投射到他者身上来展现其最具体和最“邪恶”的形式。

阴影投射到他者身上的表现：

- 投射到其他个体身上。

  “我讨厌帕丽斯·希尔顿，她既愚蠢又肤浅。”憎恨帕丽斯·希尔顿肯定是一种聪明而深刻的态度，对吧？

"我的邻居总是在观察我在做什么"。你怎么知道他们一直在看着你？也许是因为你一直在看着他们，这就是真正的原因。

- 投射到超自然的实体上。例如，当悲剧降临，我们倾向于把它归因于某种未知的、更崇高的原因，从而找到安慰。这样我们就可以把悲伤和愤怒从自己身上剥离，这种方式否定了那些正常的人类情感。
- 投射到某一个群体上。"我讨厌那些愚蠢的____"，例如"肥胖、懒惰的人"等。
- 从我们作为一个群体（我们的公司、足球队、国家）的一部分，投射到某个人身上——通常是另一个集体里曝光率很高的人，例如总统等。

群体的阴影是一个复杂的问题，产生于特定的社会变革和历史环境中——讨论这个问题需要一个清晰完整的辩证框架。我并不是假装要围绕这个主题写一篇社会学论文，只是建议强化对阴影在我们身上显现这一情况的认识。无论以何种方式投射阴影，我们都有机会体验到自我意识由此得到提升。我们要做的就是观察自己并了解我们所鄙视的，找出出现在别人身上的东西如何存在于自身之上。注意那些你所鄙视的人，然后看看你把哪些特征归因于他们，而你会害怕在自己身上发现这些特征，你又是如何表现出这一特征的。它可能不会以明显的方式出现在你身上，而是以一种隐藏的（象征性的、秘密的、无意识的）方式体现。即使你带着憎恨把它投射到远离自己的地方，它依然会隐藏在你身上的某个地方。

否认我们所具有的那些特征，那些被我们憎恨的、出现在其他人身上的特征，就等于失去机会，去发现隐藏于我们身上的潜力，因为只有穿过阴影我们才能进入未知区。

发现自我的两个要点

想要发现真实自我的人必须做到：

- 使所有已知的认同相对化。信仰、球队、国家、姓氏……所有这些都不应该理解为必要的，而应该是间接的。它们不是个人的独立选择，只不过它们看起来像而已。金钱或秃顶也不过是遗传下来的而已。
- 不要认同阴影的存在，但要接受我们自己的那部分原始、被压抑、"被放逐到黑暗中"的阴影的存在。阴影不是全部，仅是属于我们的一部分，这一点我们必须承认。

我相信抛开身份归属感也能省点力气，不必把人设（面具）固定在一个地方。不盲目的归属将让我们获得喘息的机会，暂时退出这个世界，得以把视线从世俗的屏幕上移开一段时间。

然而，总会有阴影存在。我们无法整合整个未知区域，也不应该试图这样做，但窥视我们的黑暗面是个性化成功的关键。

不要压抑阴影，要和它交朋友

一些其他想法：

- 认同你所鄙视的个人或群体。我指的是那些毫无理由却让我们心烦意乱的人或群体，是那些你想要在他们可恶的脸上打一拳的人，那些你想要与其争论棒球棒的哪一端较细的人。如果你投入情绪，这无疑是一种无意识投射的迹象。问问自己：你和他们有什么相似之处？记住：如果你的回答是“我和他们在任何方面都不一样”，那么你就输了。
- 接受好心人的反馈。朋友、家人，甚至治疗师都可能会告诉我们一些我们拥有却不愿接受的特质。那些我们最抗拒的人，那些让我们心烦的人，或者说“不，不，不”的人，可能恰恰会触动你敏感的神经。然而，一旦我们接受了以某种特定的、无意识

的方法拥有这种特质的可能性，我们就可以用新的眼光看待它，并试图解读它的意义。

- 关注你的梦想和幻想。它们在哪里游荡？集中在哪个方面？金钱、权力、性、暴力、仇恨、欲望、嫉妒、财富，是什么困在脑袋里吸引你的注意力呢？
- 抵制，身份认同。迷恋一个人（比如名人）可能表明我们在他们身上投射了一些自己认为积极的品质，一种潜意识的品质，它是存在于我们体内的一种原始、潜在的状态。需要注意的是，我说的是对某人的迷恋，而不是普通的仰慕。
- 幽默。弗洛伊德把我们的幽默与心理的某一特点联系了起来：我们喜欢的笑话，尤其是我们开的玩笑能说明问题。我们应该审视笑话，笑话不是蓄意而为的，它们基本上是自发的，源于心理联想，因此它们是我们潜意识的一种表现。
- 行为失检。当我们以不寻常的方式行事（咄咄逼人、贬损、讽刺），却没有明确的理由时，就是一个意识到阴影在控制我们的行为的机会。
- 口误。越尴尬，越性感。嗯，我是说更有趣。

揭开阴影时，我们不能启用“纠正”模式，这一点很重要。我们不应该设想消除消极的东西，那样只会把它们压抑得更深。

请允许我用心理学术语重复一下阴影的定义：它是未知区域里被压抑的内容，代表不被我们承认的人格特征。这些潜能在寻找一种闪现的方式，不要将其与荣格所说的“精神情结”混淆，这些未知区的内容不应该被带到已知区的自我面前，两者也不应该相互联系。认同这些代表着群体无意识的宏伟结构的情结，可能导致反社会的冲动或精神病。整合阴影会让你的个性更加光彩照人，而整合精神情结会产生幻觉。我不是心理学家，不敢试图在这些方面下定论；如果你不确定自己在处理的是未知区域的哪一部分，你可以寻求一些专业建议。认同（而不是整合）阴影是有风险的：你会变成一个反社会者。阴影是你的一部分，但它不是你。

靠近阴影时要心存敬畏，保持友善。如果一个人想要了解自己到底是谁这一伟大奥秘，他就必须研究这个奥秘的全部，而不仅仅是面对已知区域里那些关于自我的、教条又狭隘的观点。

要记住，你才是自己的主人。

六

个性化：生存还是毁灭

学员詹姆斯·柯克靠作弊通过了一项无法获胜的模拟战斗测试。在星际舰队学院的正式听证会上，指挥官斯波克对其进行了询问。

斯波克：学员柯克，你设法激活了一个子程序，从而改变了测试的条件，是吗？

柯克：让我来问你一些我们都知道答案的问题。测试本身不也是作弊吗？我们根本无法取胜。

斯波克：你的论点排除了取胜无望预案的可能性。

柯克：我不相信取胜无望预案。

斯波克：那你不仅违反了规则，也没有理解主要教训。

柯克：请告诉我。

斯波克：你们所有人都应该知道，船长不能假死。

柯克：我是所有人中……

斯波克：你父亲乔治·柯克中尉在战役中被杀之前被任命为舰队总司令，不是吗？

柯克：我觉得我在测试中取胜这个事实让你不高兴了。

斯波克：你根本没能领会测试的目的。

柯克：那请您再告诉我一次。

斯波克：目的是体验恐惧，体验面对死亡的恐惧。你要接受它，并保持对自己和船员的控制。每个星际舰队舰长都具有这样的品质才符合我们的期望。

《星际迷航》（*Star Trek*）

艾布拉姆斯（J. J. Abrams）

前面章节中讨论的主题与所谓的“中年危机”密切相关。

这里所说的“中年”并不一定是指 40 岁或任何其他特定的年龄段，而是指一个人生命中的某个转折点，感觉像是迫切需要改变或直面死亡的状况，迫使我们需要正视自己的存在。

令人好奇的是，这样的遭遇通常发生在某个固定时刻。在这个时刻，我们的自我（小我）达到了整合和自主的临界点。正如美国哲学家肯·威尔伯（Ken Wilber）所说，处在这个阶段的人会感到幸福而充实，毕竟自我在这个阶段处于完整而自主的状态。但更多的时候，这个自我非常不快乐。它是有主见的，也是痛苦的：

> 有限的自我即将消亡，魔法救不了它，神仙救不了它，理性的科学也救不了它，这一残酷事实越来越真实。人们的世界平平无奇，再也没有什么经历能让人感觉良好，也没有什么东西能让人感到满足。没有什么东西值得追求，不是因为你没有得到过，而是因为即使你

拥有、尝遍了所有的滋味，最终还是一无所有。

在决胜的时刻，世界却陷入了平静。我能为谁高唱欢呼和赞美之歌？我为什么要尝试？所有一切都将化为灰烬，我该何去何从？

对于这个难题，威尔伯提出的解决方案是：将“个人”抛在脑后，踏入“超越个人”的状态。我觉得这种以意识为导向的愿景很有道理，但我想从一个没有那么神秘的角度来分析这种“改变的需要”。

我认为我们正处于危机之中，危机要求我们踏上个性化的道路。

什么是个性化？写了100多部小说的作家克里斯托弗·莫利（Christopher Morley）说：“成功只有一种，那就是能够以自己喜欢的方式度过一生。”我认为没有哪个定义比这个更好了。

对于受达·芬奇诅咒困扰的人来说，个性化的过程特别具有挑战性：我们喜欢这么多东西却无法选择一条真正的道路……我们应该如何实现个性化，找到自己？我们应该选择什么，又该放弃什么？

成功的个性化过程的特征：

- 它必须属于我们自己。它要求我们承担失误带来的风险，而不是简单地模仿别人。很多人认为他们在生活中没取得成功是因为成功的标准是由别人定的，而他们达不到那个标准。

- 这是一个过程，而不是突发改变。没有人会在一天早上醒来说："从现在起，我是有个性的！"它很少会以突然开悟的形式呈现出来，更多的情况下，个性化是一个逐渐发展的过程。
- 这是一个艰难的过程。荣格的观点是："你不想奋斗？那就不要寻求个性化，因为你得处理更多甚至全部的问题。"
- 它发生在这个世界上。它不仅是我们在头脑中体验到的某种涅槃，还需要与现实（一个充满规则、未知变数和其他人的地方）相结合。
- 这不仅可能发生，也很自然。个性化不是一个治疗过程——也许治疗会有帮助，但它首先是一个自然发生的过程。

个性化是发展一个完整和健康的自我意识的过程。换句话说，就是要成为一个独立的人。实现个性化需要整合我们的阴影，同时不太把自己的面具当回事儿。

关键：耐力

简而言之，个性化就是成熟，就是长大成人。对一个心理成熟的人来说，其中一个考验就是处理模棱两可的问题的能力，黑白分明的立场是对现实的一种不完整的看法。对一方或另一方的支持，能迅速缓解不稳定性造成的紧张感；相反，心理成熟的人可以忍耐因对立而产生的紧张感，从而允许潜在的复杂性浮出水面。

一个心理成熟的人可以平静地等待，不偏袒任何一方，直到其对主题的理解超越肤浅的表象。个性化在开放的可能范围之内可以更好地形成，而不是坚持那种习以为常的个人立场。

第一步和初期效果

作为一个开放的心理成熟过程，个性化意味着我们对自己的认识会更加清晰。它始于基本和普遍，归于具体。

首先，我们是活生生的；其次，我们是人类；再次，我们有性别（生理上的性别，但更重要的是心理上自我认同的性别）。开展个性化行动后的第一个效果是：扎根于所有基本领域而感觉更好。我们会感到更有活力，更有人性，更加男性化或女性化，更清醒。

首先要在那些基本的事情中找到自己，然后在更复杂的问题上争取，这些问题会随着时间的推移而演变。

那些你做不到、不赞成或反对的事情（暂时不能或永远不能），也会以一种有趣的方式表现出你的个性。所有这些决定（“赞成”“反对”和“弃权”）都能说明你的个性化过程的状况。

健康个性化的必要条件：

- 保持身心健康。
- 培养复原力，即从压力和挫折中恢复的能力，在环境允许的情况下冷静、有效地处理问题。
- 以力所能及的方式融入周围环境（社会、家庭等）。
- 使真实的幸福观念内化，该观念由内在的方向感和成就感来定义，而不是外部条件（社会地位、物质财富和第三方认可）来定义。
- 心平气和。不是欣喜若狂，不是兴高采烈，而是心平气和地走在我们选好的道路上。如果不能心平气和，就要找一条新路。

我们拖拽的行李

荣格认为，父母死气沉沉的生活是孩子不得不承受的重大负担。父母未能完成的个性化，会以重复父母的生活方式或与之相反的过度补偿的方式传递给子女。父母生活中的未竟之路将在不知不觉中强加于他人，特别是自己的孩子。

世代家族史可以揭示出那些反复出现的主题。遗传因素固然有作用，但更重要的是一种熟悉的规训在起作用——在训练我们做出某些选择，重复行为，以一种特殊的偏好来看待这个世界，我们也有这种偏好，但它基本由后天习得。我们的出身不同，就会获得不同类型的惰性，我们就不会怀疑自己对现实的感知是习惯使然。

作为孩子，我们有三种与世界打交道的方法：

1. 把情感和触觉上的联系或缺乏联系理解为对世界的认知，直接影响我们信任他人和自己的能力。
2. 把父母的特殊行为理解为对自己的认知。虽然听起来很奇怪，但父母在生活中的所作所为以及他们如何对待我们，塑造了我们自己。
3. 把长辈与世界的斗争理解为世界的现状。我们对世界的看法并非来自我们的经验（我们没有任何经验，我们是孩子），而是来自父母处理具体问题的有限方式。孩子不能说“我爸爸有问题”，而是说“这个世界有问题”。

很多时候，作为成年人，我们并没有做出过选择，而是在根据条件反射做出反应，这些条件反射可以追溯到我们的学习时期和为了自我保护而采取策略的时期。

但在中年危机甚至更早的时候，“自我”需要超越简单的条件反射式反应。它需要的不是一个触发反应，而是一个与其他东西产生共鸣的选择。我们会被那个想要成为的人“戳”到。这不是新时代的诗歌，而是我们生活中的一个重要阶段，一个充满焦虑的阶段。从心理上说，这是一件大事：我们必须“死”而后生。这不是结束，这是一段新的旅程。

如果说在童年时期我们采用的策略是“生存”，那么在青春期我们采用的策略就是“融入”。我们在这段时间开始融入社会，地位和认同感对我们来说变得很重要。得到他人的赞同使我们梦想着获得社会认可的成就。我们想成为首席执行官、演员、了不起的父亲和母亲、摇滚明星、医生。用青春期的英勇无畏替代童年的神奇幻想是一件好事：它鼓励我们在步入成年期时，能够持续追求第三方目标，寻求认同。然而，成年生活比我们想象的要艰难得多：我们迟早会意识到，社会金字塔的顶端没有太多的空间，或者我们会意识到也许自己想去别的地方。

中间通道

正是这种向往中的生活与亲身体验到的生活之间的差异带来了“中间通道”。魔力和英雄主义让位于现实主义：我们会更加脚踏实地地考虑目前的处境和愿景。不同之处在于，这类愿景属于我们自己，而不是旨在获得他人（父母、群体、伴侣等）认可的膨胀的自尊。

中年危机始于我们意识到生活不像自己想象的那样。但我们仍然在尝试，要么用父母的方法（重复他们的生活），要么完全相反，当然这种行为也受到一定条件的限制。

事实上，中年危机也是一个让我们获得自由的机会，这个机会可以弥补父母的不足，而不受榜样的限制，让我们融入社会，通过激发潜能来强化个性。我们正处于进退两难的境地，必须放弃其中之一。

心理学家兼作家詹姆斯·霍利斯（James Hollis）清楚地指出：

> 肉体上的痛苦可能过于引人注意，与此相反的是，被迫处于非本真状态的痛苦也许会被忽略，但它所产生的深度痛苦会让一个人内化为抑郁症患者，外化为暴力倾向，还包括用物质麻醉自己，或出现身体疾病。

中年危机表现为经济、健康或人际关系问题，失去意义的感觉颠覆了我们的日常生活。我们内心的某些东西在寻求一种调整、一种深刻的改变。中年危机通常由不幸的事件，比如丧亲、金融危机等引发，但本质上是内心的危机，即使表面上看起来一切都很好。

个性化的长期影响

成功个性化的长期效果是获得理想中的幸福，更重要的是，个性化的主要目标是为我们的生活提供意义。

我们应该停止胡思乱想，好好看看这个世界。个性化的过程不会被误认为是自私自利或自我陶醉，情况恰恰相反。个性化是一种大胆的意图：找寻我们的命运并勇敢地走向它。它意味着放弃原有的自我，意味着拥抱一个更大的自我，包括我们的黑暗面。我们在内心放逐了什么？我们在灵魂的地牢里隐藏了什么，渴望被承认吗？是恐惧、愤怒、悲伤，还是被遗忘的梦？虽然很难面对，但认识到它们的存在将为我们提供目标并给予我们控制它们的力量。即使是苦难深重的地方也会产生意义，它指引着一个人走向召唤他投身生活的道路。

存在主义对某事有好处

研究表明，人在临终前最常见的遗憾是："我希望自己有勇气过一种真正属于自己的生活，而不是别人期望我过的那种生活。"

我们不能欺骗死亡，而生存是残酷的。我同意，但我们应该把绝望抛在身后，培养一种新的存在主义：真正完成某些事。生活并非没有赢家，通过实现普通人的成功，也就是实现个性化，我们也能获胜。

正如荣格所说，死亡无法避免，它只能被超越。愿我们临终前的遗憾少些，而这标志着重要的事情都已处理妥当。

七

成年礼：步入新世界

杰克坐在马桶上，他把无线电话夹在耳朵与肩膀之间，手里翻看着宜家家私购物指南。他旁边还有一堆杂志和几本购物指南。

（画外音：和其他人一样，我已经是宜家家居产品的奴隶了，买东西只靠本能）

杰克：是的，我要订购 Erika Pekkari 的沙发套。

（画外音，等候宜家售货员的答复：我翻看购物指南是为了搞清楚哪套餐台配得上我）

《搏击俱乐部》（*Fight Club*）

大卫·芬奇（David Fincher）

在完成大学最后一次考试几天后，我在家乡的一个小广场上散步，不知道出于什么原因，我突然停下脚步坐在长凳上，一种深深的悲伤涌上心头。我感到很失落，而不是大学毕业时应有的成就感。我无法释怀，控制不住地落下泪来。

几天后，我才明白那天的感觉：职业生涯的开启意味着之前生活的结束。我的悲伤既源于对学生身份的怀念，也来自对未来将要面对的挑战的恐惧。

这些具有象征性的“死亡”或重生事件是人们生活发生变化的重要阶段。然而，无论从社会角度还是从我们自身出发，大多数人人生中的这些重要过渡期并未得到应有的重视。它们来无影去无踪，并没有在我们的脑海里占据一席之地。

谈到“具有象征性的事件”，我认为它与“真实的”事件同样重要和真实。只有一种事件，其象征性代表着它的内涵，而真实性则体现为其发生的场合，是外在的、社会化的东西，例如婚礼和洗礼等。

我们将在接下来几章阐述一些活动。我们的生活会发生外在变化，这些变化出现在外部，如活动、时间轴和日程表等；而内在变化也会随之发生，它也许能代表我们生命中的转折点。这些转折点不容忽视，应得到下意识的、明确的确认，这就是人生仪式的作用。

这些仪式的步骤、顺序、结构和主题在各种人类文化中都很相似。这些文化在时空中相隔甚远，并非仅靠传统星火相承；它们没有统一的标准，如果将其与计算机进行类比，我们可以说它已经刻在人类的硬件里了。

现代生活中缺失的仪式感

试想一下，在一场非常浪漫的求婚之后，你发现自己和梦寐以求的伴侣订了婚。之后，你们两个自然而然地结了婚，生活在一起。

只是，你有没有觉得其中少了点什么。如果没有婚礼这种仪式，你是不是觉得就像自己根本没有结过婚。

人生中的重大事件必须通过多个维度在人类活动中得以完成：

- 外在秩序：涉及社会、法律、家庭等方面，以下元素分别代表各个领域的话语权：法官、仪式、聚会、家人、朋友和他们扮演的不同角色、蜜月、新

娘礼服、正式登记、蛋糕、视频、戒指等。

- 内在秩序：仪式是所有人类维度最基本的活动，它们将人类经历的——实际发生的、象征性的和想象中的三种规则联系在了一起。仪式和庆祝仪式是人生大事（真实秩序），它们源于神话（想象秩序），生根于无意识（象征秩序）。

需要注意的是，一些不重要的例行惯例有时也被称为“仪式”，但这仅仅是因为它们具有重复性，而不是因为它们很重要。我们会在婚礼上雇 DJ 奏乐，但不会在早晨刷牙的时候雇 DJ 奏乐，因为早上刷牙只是一种习惯，不具有仪式感。

目前我们最感兴趣的阶段是从未成年步入成年的过渡期。世界各国法律认定年满 18 周岁、21 周岁等的人为成年人，但某个人从孩子成长为男人或女人的内心变化却并不明显。

如果你让一个 40 多岁的人闭上眼睛，清空大脑，然后根据他们的感受来说出自己的年龄，他们会觉得自己仍是 20 岁、25 岁等相对较小的年龄。这些数字代表了我们内心对年龄的感知。

这个问题还可以这样问（请自愿回答）：“你觉得自己像一个成年人的百分比是多少？”我不能回避这个问题，我的回答是约 75%。我们有一种内在的成熟感，但我们也可能觉得自己的成年期还没有达到临界点，就像我们不能说觉得自己是 100% 的成年人一样。为什么不是这样呢？成人期什么时候会变得很明显呢？就像青蛙在一个装满水的锅里，水会不知不觉地越来越热。什么时候最热呢？你什么时候才能真正长大成人呢？

虽然我可以装得像一个成年人，但成熟并不是表现出来就够了。想要在内心成为一个成年人，我们需要用成人礼这一特殊仪式来作为标记。

犹太人就有举办成人礼的习俗。虽然男孩和女孩在 13 岁的那一刻并不会 100% 变成成年人，但这种仪式至少是有意义的。光有成人礼就够了吗？其他没有这种仪式的文化里又会发生什么呢？

仪式感缺失的后果

对男人来说，仪式感缺失的第一个后果就是他们会质疑自己的阳刚之气。更有甚者，未成年的男孩还会做一些愚蠢的事情，如破坏公物、炫耀危险的摩托车特技、欺凌等，目的是证明自己，极力向世人展示他们是男人。女孩也是如此，她们通过受欢迎的程度来寻求认可。女孩有一个基本的生理优势可以代替仪式感，即她们的第一次月经，以及随之而来的所有与生理、生殖和隐私相关的暗示。此外，她们还可为人母，经历生育这样一场重大的转变。男孩没有月经，也不需要分娩——他们在青少年时期会燃放烟火、乱涂乱画，甚至酒后闹事、骑摩托车炫技等更糟的事。

问题是，无意识的习惯会取代缺失的有意识的仪式，如上瘾。药物滥用、冲动消费等行为都可以理解成人们用以满足自大心理的伪仪式。上瘾是无法释放的虚荣心的外在表现，虽然不足以引发精神错乱，但也具有明显的症状。

有对策吗？当然有。除了治疗之外，我们通常需要从个人层面做起，比如举办有意义的个人仪式。有两种仪式已经得到了验证：一种是日常习惯，另一种是“特殊场合”。如果把仪式归为习惯，体育锻炼是优中之最。如果能对它“上瘾”，每周锻炼 3 ～ 5 次，可以使我们益寿延年。我们可以让锻炼成为一种有意识的仪式，成为一种象征神圣时空的礼拜。这里我故意使用了宗教的象征意义，正是这种虔诚的态度可以赋予我们在其他地方缺失的意义，改变无意识的、非生产性的、成瘾的伪仪式，使之成为有意识的、可控的和有益的仪式。此外，体育锻炼的好处立竿见影，我们会产生成就感，接触大自然（颜色、气味、空间），还能促进内啡肽的分泌，这是人类自身分泌出来的类似吗啡的化学物质，可以缓解疼痛和压力。

把仪式看作“成年礼”还需要些别的方式，那就是走自己的“英雄之路”。

仪式的阶段

约瑟夫·坎贝尔（Joseph Campell）[①] 和其他社会人类学观察家一致认为，人类的文化已经失去了“神话路线图”，这个路线图把人类定位在一个更大的先验环境里。

事实上，所有的古代文化中都有成人礼，具有高度的象征意义并受到重视。我听说过最可怕的成人礼是巴西萨提尔－马韦（Satere-Mawe）部落的武士礼。想要当武士，这个部落的男孩们需要把一只手伸进装满“子弹蚁”的用大树叶做的容器里。被这种昆虫咬上一口，就像被子弹打中一样疼痛，这也是“子弹蚁”这个名字的来历。这种疼痛被描述为“24 小时持续不间断的灼烧、跳动、消耗性的疼痛”。事实上，“子弹蚁”造成的疼痛在施密特蜇伤疼痛指数（SSI）中排名第一，这种可怕的科学衡量指数让我没有勇气去搜索它。

为了完成成人礼，孩子们必须在几个月甚至几年的时间里经历 20 次叮咬的考验。这是其他一切极端仪式的代表——一只手经历极度的痛苦，而另一只手安然无恙。

成人礼真的那么重要吗？

人类是极具象征意义的生物。对世界和彼此的理解以语言

① 美国著名作家，神话研究学者，其创作的一系列影响力极强的神话学著作《千面英雄》《追随直觉之路》《指引生命的神话》《神话的力量》《英雄之旅》《坎贝尔生活美学》中文简体字版已由湛庐文化策划、浙江人民出版社出版。——编者注

为基础，甚至我们的心智本身也是一种无意识的语言。仪式感的缺失意味着我们在转变期正经历着恐惧和孤独，因为有同样漂泊经历的同伴和长者对我们的帮助微乎其微。

排除文化、地理和历史条件的差异，传统的成人礼通常包括六个阶段，这种相似性反映了全人类共同的、潜在的、象征性的结构。

传统成人礼的六个阶段：

---

1. 与父母分离。比如举行一种“绑架”仪式。
2. 象征性脱离儿童期。年轻人长大成人后必须终止与父母的联系。
3. 重生。作为一个“新人”走进生活。
4. 教导。刚成年的人需要了解责任和作为成年人必须具备的关于生育的知识。
5. 磨难。通常是一种挑战，代表进一步的分离，这样年轻人就能在逆境中找到力量。
6. 回归。一个人带着资源重新进入社会，以发挥成年人应有的作用。通常，刚成年的人会得到一个新名字以适应身份的快速转换。

传统成人礼的现代展现：

- 在小说里，在不同时期、不同文化的各种故事里，包括“哈利·波特”“黑客帝国”“星球大战”和其他无数的故事，都揭示了上面详述的六个阶段。
- 在真实的社会中，上大学或去服兵役、与家人分离、受教育、通过考试和完成一篇论文来证明自己，然后重新进入社会，改变人们对你的称谓，比如医生、中尉或其他。

问题是：英雄之路上发生了什么？我怀疑，如果它从未发生，那么它即将到来。对于那些经历过上大学、服兵役、移民或其他重要事件的人来说，离开家也许就是一种成人礼。而没有这些经历的人就没这么幸运了。

没有传统的成人礼，青年人会在流行文化、城市部落、同龄人群体和青少年名人中重新认识自己，也就是说在同龄人中体会其他人成年的意义。当然，这种意义并不深刻，但一个名字、一种社会认同感或某种身份的影响力也非常强大。名人榜样也经历过无名小卒、无足轻重和迷茫的时期，只是后来才获得了成功。

茫然、无意识、无效的仪式并不能让我们摆脱孩子气和自恋。无论我们多大年纪，心中那个异想天开、娇生惯养、自命不凡的小孩必须被真正的自我替代。

你认为呢？我们应该开始寻找真我了吧？

第二部分 过滤，找到你的人生使命

八

梦想清单

彼得·吉朋斯是一个很酷的年轻人，在 Initech 公司工作（一家集所有弊端于一身的公司）。他和邻居劳伦斯正在聊天，而劳伦斯在拆迁行业工作。

彼得：劳伦斯，如果你有一百万美元你会怎么做？

劳伦斯：伙计，我会多谈几次恋爱，你呢？

彼得：如果我有一百万美元吗？我啥都不做，整天坐着，我会……啥都不做。

劳伦斯：没有一百万美元你也可以啥都不做，伙计。看看我表弟，他破产了，他就啥都不做。

《办公室》（*Office Space*）

迈克·乔吉（Mike Judge）

后面几章的目标是建立新的活动组合，从本章开始到第十一章结束。我要先提醒大家，完成这一目标需要花费几个小时，而实现它则完全不同，要花几个月的时间，同时还要有耐心、细心和智慧。

这是一个迭代过程，而不是线性过程。随着你更加深入地了解自己可能从事的活动以及这些爱好背后的原因，你就越有必要重新思考一些决定。这个过程在纸上重复得越多，在现实生活中就会越简单。

我们将采取以下步骤：

- 建立一个梦想清单，了解驱动你的梦想的雄心和意图。我们希望以何种熟练程度和以何种目的开展这些活动（本章）。
- 对备选活动进行排名。根据自己的才能和实际的赚钱机会来衡量这些梦想（第九章和第十章）。

- 我们将创建一个组合，对通过前面筛选的活动进行限定（第十一章和第十二章）。

现在就请拿出随本书附赠的梦想清单吧！

第一步：梦想清单

列出你想做的每件事，记住，是每件事。

暂且忘掉其他因素，用愿望作为主要参数。你是否有这个天赋并不重要，至少现在还不是很重要。你是否能从中赚钱也无关紧要，现在也不重要。把这当成一次“头脑风暴”，你可以写下任何疯狂的想法。只要你想做，就把它列在单子上。

尽可能详细一些，我不想你读完本书时才说“跳伞！我忘了跳伞！”（当然，也包括瑜伽、法国文学或别的什么）。

列表中还应该包括：

- 所有你想做的工作，例如，成为一名职业棋手，开一家花店，成为一个吉他专家。
- 所有你想要培养的爱好，例如，学下国际象棋，学插花，学弹吉他。
- 所有你想做的一次性活动，例如，只是为了好玩而参加国际象棋比赛，为下个月的周年纪念晚宴学习插花，学会用吉他演奏几首甲壳虫乐队的歌曲。

请注意，我为相同的三项活动选择了不同的参与程度：下国际象棋、插花和弹吉他。如果你同时把它们列入了“想要的工作”和“想要的爱好”也没关系，只要继续就行。你甚至没有必要把它们归类为工作、爱好或一次性活动。事实上，不归类更好。

忽略所有与金钱有关的决定。不要想象你有 100 万或 10 亿美元，假设你拥有的是维持正常生活所需的钱，只要能很好地满足所有基本需求就行。

年龄不是问题，性别、体质……也都无所谓。什么，你身高 1.82 米、体重 230 斤，但你一直想成为骑手（骑赛马）？没关系，请在这张单子上写上“成为一名骑手”。我想让你一次性列出所有吸引你的活动。把一切都写出来，然后用你的兴趣和爱好加以过滤。所以，现在你可以暂不考虑更多现实生活的参数（钱和天赋）。

重要提示：每个项目都应该写成“动词 + 活动”的形式，尽可能简短和准确：

- 学习如何演奏乐器（什么乐器？）——“学习吉他”。
- 参加一项运动（哪项运动？）——“成为一名有竞

争力的篮球运动员”。

- 学习一门外语（哪一门？）——“学习日语”。
- 获得文凭（关于什么？）——“获得化学学位”。
- 写一本书（关于什么？）——“编写食谱”。
- “到蒙古国旅行”（或任何适合你的地方）。
- “跳伞”（这一项与我的清单相去甚远）。

把你认为自己有天赋的东西写进去，不管你是否尝试过这些特别的活动。如果你认为自己能在某件事上做得很好（即使你不太想尝试），那也要把它写进去。

如果你曾经做过一顿很棒的饭，餐桌上有人说：“太好吃了，你应该成为一名职业厨师”，那么就在你的梦想清单中加上“成为一名厨师”。

你认为做什么能赚钱？也许你已经学会了一些（烤蛋糕、修理自行车……），都写进清单里。

在脑海中列出你钦佩并想效仿的人：画家、物理学家、摄影师、诗人、政治家、钢琴家，然后把这些职业也写进梦想清单里。

那些因为年纪太大不能做的事情也要写入清单。如果你曾梦想成为一名宇航员，那就写“成为一名宇航员”。这类事情不太可能进入最终名单，把所有这些都写上的目的是使其中大多数活动在你内心产生一种完结感。与其把它们挂在某处“悬而未决”，不如通过有意识的决定把它们从议程中抽走。通过将它们写进梦想清单，你可以搞清楚自己到底是要实现它还是放弃它，它们会以这样或那样的方式得到解决。

现在到了至关重要的一点：在列表中写上你现在进行的所有活动。

你现在在做什么？

- 你现在的工作（你不喜欢这个工作的话更要写，噩梦也是梦）。
- 给你留下深刻印象的以前的工作。
- 兼职（任何能帮助你多赚点钱的工作，赚得多少无所谓）。
- 你现在的爱好或过去的爱好（运动、收集物品、写诗等）。

你的列表中应该至少有 30 ～ 40 个项目。如果没这么多，请继续想。一个受达・芬奇诅咒困扰的人的“平均”列表应该超过 50 项。理想情况下，你可以列出 70 项或更多，对于一个受达・芬奇诅咒困扰最严重的人来说，这个数字也应该足够了。

为什么列表详尽无遗如此重要？因为（尽管这一点还远未明朗）我们必须确保把所有那些有可能成为人生使命的潜在活动包括在内。你想写的东西越多越好，这不是几分钟能完成的事情：它应该需要几个小时，甚至几天，不要着急。

“想要成为”的梦想 vs.“拥有”的梦想

请注意，我要求你们列出的所有梦想都暗示着你要采取行动，而不是指物质方面的愿望。你想要辆新车吗？这对你而言是好事，但我并不在乎。你买完新车并不会发生任何改变（也许会债台高筑），但是去蒙古国旅行或获得会计学学位不一样——你会成为一个旅行者或会计师。至少看上去是这样。

弗洛姆在他的经典之作《占有还是存在》(*To Have or Be*)中告诉我们，人类的每一种体验都可以归结为这两种模式之一：一个是成为一名会计师，另外一个则是用文凭证明这一点。在蒙古国体验异国风情（文化、历史、美食和传统）与积累里程、购买糟糕的纪念品以及通过展示照片来获得朋友们的点赞则完全不同。

如果你想要保留一个单独的关于“拥有”的梦想清单，比如想买的东西、想要赢得的奖项、与某人约会、加薪等，无论如何都要列出来，那也可以，但我们不需要它。

小梦想，大梦想

即使清单上的内容超越或远不及你真正的才能，那也无关紧要。在接下来的章节中，我们将把现实慢慢灌注进去。但如果能从一开始就让你的梦想更现实些，那就更有帮助了。

假设你对天文学有浓厚的兴趣，梦想是“发现一颗新的太阳系外行星，并用自己的名字将其命名为‘某某星’”，我想告诉你，这个梦想不仅不切实际（因为发现行星的都是专业人士，他们拥有雄厚的资金和强大的设备），也过于孤芳自赏。而如果你把自己的天文学抱负简单地描述为“读史蒂芬·霍金的新书”，也许并不能体现你对这一学科的兴趣。一个现实的、合理的梦想是“学习天文学”，这意味着学习一些课程并学会使用望远镜，比如去当地天文台，或者在 eBay 上花 250 多美元买一台计算机化望远镜。如果你的梦想是学习天文学，那就开始计划向上看：这一梦想足够现实。希望你的其他活动也是如此。

记住，我们说的是活动，不是“待办事项”。活动是指在时间上具有连续性，可以让我们变得更好，最终可以货币化的事情。待办事项是指任务、要做的事、要列入日程表的事件、有截止日期和时间的事情。如果一件事情有学习曲线，它就是活动；如果一件事情有截止期限，它就是一个待办事项。

一旦你完成了梦想清单，就可以按照下面的描述对它们进行评分，在表格的评价部分填写相应的数字。

你有多想做这件事：[①]

---

1. 我真的不太在乎这个，试试看也许会很有趣。
2. 做这件事很好，可能真的很有趣。
3. 我必须试一试，它已经吸引我很长时间了。

① 序号即代表相应的分数。——编者注

4. 我必须做这件事，我一直想做，我必须做。

受达·芬奇诅咒困扰的人非常着迷于那些让人感到震惊的事物，我们喜欢那些能开阔眼界的事实和想法。

继续以“天文学”为例，最近有一件事情让我大吃一惊：西班牙科学家正在研究这样一个假说：宇宙并没有真的膨胀，而时间本身在逐渐减慢。总有一天，大概是从现在起数十亿年后，时间将不再流逝，一切都将“永远”静止不动。在没有时间的宇宙中，“永远”这个词毫无意义。

对于受达·芬奇诅咒困扰的人来说，还有什么比宇宙学更诱人的呢？我们喜欢大画面，宇宙就是其中最大的画面。我进一步研究了这个问题，看了一些关于这方面的论文，还截了一张图，你也可以看看自己能不能理解。

For simplicity we will only consider branes Σ with spherical, plane or hyperboloidal symmetry, i.e. a symmetry-preserving matching [7]. Then, ignoring the angular coordinates, the corresponding hypersurfaces are given in parametric form by $\Sigma : \{t = t(\xi),\ r = r(\xi)\}$ and $\tilde{\Sigma} : \{\tilde{t} = \tilde{t}(\xi),\ \tilde{r} = \tilde{r}(\xi)\}$. The matching implies [3] that the first fundamental form on the brane reads

$$ds^2\big|_{\Sigma} = N(\xi)d\xi^2 + a^2(\xi)d\Omega_k^2 \qquad (1)$$

where $a(\xi)$ is defined by $r(\xi) = \tilde{r}(\xi) \equiv a(\xi)$ and $N(\xi)$ controls the embedding functions $t(\xi)$ and $\tilde{t}(\xi)$ via

$$\dot{t} = \frac{\sigma a}{k + \lambda^2 a^2}\sqrt{\frac{\dot{a}^2}{a^2} - N\left(\frac{k}{a^2} + \lambda^2\right)} \qquad (2)$$

请注意，该段以“为简单起见”开头，但这只是第一页，可以想见接下来还会有什么鬼在等着你。

我是一名工程师，对数学并不陌生，但在研究了 15 分钟之后，我决定把宇宙学作为一个爱好——偶尔读一本关于宇宙学的书还不错，但仅此而已。

你也要对你的愿望清单中的每一项活动进行类似的分析。

根据每项活动与你个人才能的匹配程度给它们打分：[①]

---

1. 我根本不适合做这件事，虽然尝试一下会很有趣，但我的年龄、健康状况、受过的训练、缺乏专业执照，或者其他一些破坏因素，使我不可能认真对待这件事。
2. 如果我投入大量的精力、时间进行训练，我可能会成功。我至少需要 3 ～ 5 年的时间才能获得从事这项活动所需的知识和文凭。
3. 我可以在这方面做得很好，我有所需的才能和知识。我在这一领域受过正规教育和培训，我清楚地知道我必须采取的步骤。
4. 我天生就是做这件事的人。我可以成为这个领域最杰出的人物。

① 序号即代表相应的分数。——编者注

为了正确评估你的能力与每一项活动的契合程度，请同时考虑以下因素（如你所见，我们要将梦想与现实相结合了）。

健康。这可能是你需要考虑的第一个因素。因为进行那些可能使健康状况恶化的活动毫无意义。对许多人来说，有益健康可能是某些活动获得加分的原因。举例来说，如果你体重超标，就只能通过增加体育活动来减重，与你想不想赢得奥运奖牌无关。

年龄。快 50 岁的时候仍想成为世界级的运动员、舞蹈家或音乐家是痴人说梦，但你在 50 岁时完全可以享受运动、跳舞或音乐带来的乐趣，只需要具备一些基本的身体条件。这些活动本身并没有差别，不同的是与年龄有关的能力范围。

正式训练。衡量每一项活动都要思考以下问题。你目前的水平怎么样？怎样才能让你更上一层楼？有些活动需要接受正式的培训并获得证书。一个人可以花几十年的时间独自学习，靠自己的努力成为一名昆虫学家，但如果你没有获得博士学位或生物学学位，没人会把你当回事儿。如果你才 18 岁，你可能没有借口，只能进学校学习；如果你已经 48 岁了，那我劝你仔细考虑一下获取学位的成本和收益比。

你知道很多水管工赚的钱比博士多吗？

- 许多博士生认为自己的工作与“劳工”无异。
- 博士职位与空缺的工作岗位的数量无关。
- 博士学位的经济收益可能没有硕士学位高，甚至会更低。

- 最激烈的批评者把研究型博士学位比作“庞氏骗局”。教育至关重要，但你不必非要达到现有最高的学术水平：它需要准确、完整，并与我们的意愿相关。当然，过度教育不会扼杀任何人，而缺乏教育肯定会。

学习曲线。每项活动需要什么样的学习曲线才能带来回报或让人感到满意呢？举例来说，学会用一根“木棍”（一种精美的极简主义乐器）进行高水平弹奏最短也需要几个月的时间，小提琴和双簧管也是如此，长则需要几年时间。但是你可以在几周内学会弹奏简单的吉他谱曲。

你打算在这方面做到什么程度？每一项活动都应该有一个你打算达到的熟练程度。

假设我想学弹钢琴，我之前学过弹吉他，也对音乐有鉴赏力，懂一点乐谱。但钢琴方面我完全是个新手，我需要学习、训练和钻研。弹钢琴不是我唯一想做的事——我是受达·芬奇诅咒困扰的人，我想做很多事。正如本书开头所说，我想做的事的数量和我在每一件事上所能达到的熟练程度之间都有一个中点，图 8-1 显示了那个中点。

请注意，这张图反映的情况是较为乐观的，我从未听说过有谁能同时在两件不同的事情上做到“全国最好”。如图 8-1 所示，我甚至不知道有谁能同时在 5 件不同的事情上做得“非常好”。

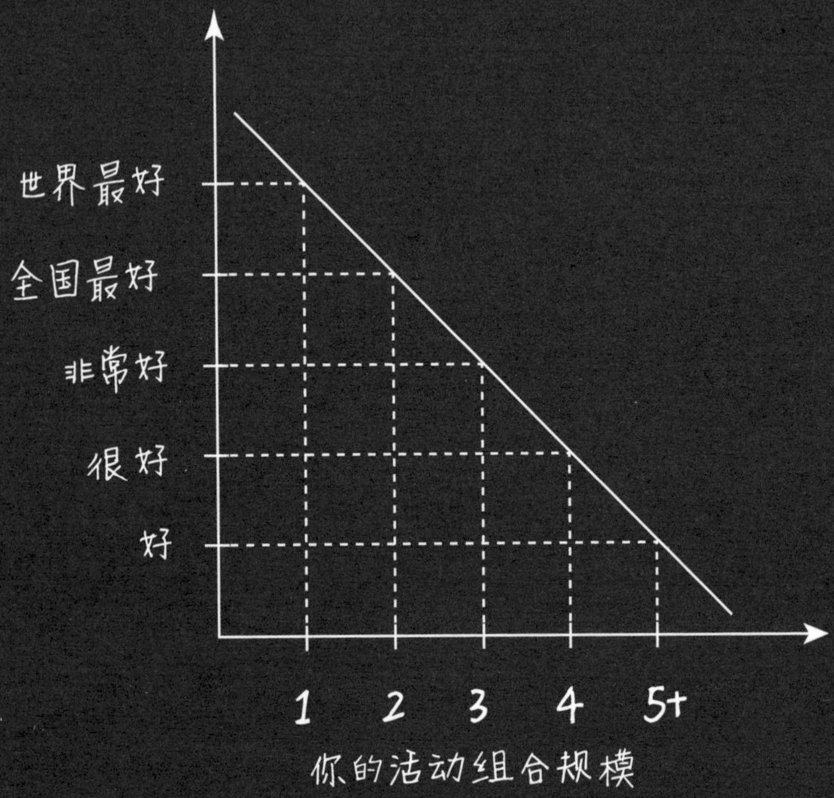

图8-1 你能在某些事情上做到多好，取决于你同时做了多少件事

尽可能诚实地评估自己的天赋，你才能避免落入达·芬奇诅咒：开始做事然后过早地全部放弃。读过戴尔·卡内基的书后，不要只是说："我想成为世界最好！"也许你并不想成为世界最好。在某事上想做到最好需要全身心的投入，没有时间给你搞花样。

你希望自己在每一项活动上达到什么水平？除了成为"世界最好"之外，还可以怎么样呢？

"世界最好"之外的选项：

- 一个隐秘的业余爱好者。"业余"一词有时是贬义的，这并不准确，因为它源自拉丁语 amator，意思是爱慕者。业余爱好者指对某一学科感兴趣的人，享有不一定要从中牟利的自由。业余爱好者乐于在书籍、网络和其他资源中寻找信息，他只对自己负责，可以随时离开，也可以随时重新开始，就像没停过一样。而且他不期望得到名誉或财富，正如这个词的词源含义一样，一个业余爱好者做一件事是源于热爱。
- 一个认真的业余爱好者。有人会在活动中投入更多的金钱和时间，这种活动为参与者提供了参与社交、获得友情、进行娱乐竞赛、旅行、参加会议以及阅读更专业的材料的机会。

- 一个半专业人士。有人会通过兼职赚钱，让这一活动产生实用性，他也许会借助第三方服务。这通常是一项独立的活动（你是自己的老板），是对日常工作的补充以便让自己的财务状况更稳定。例如，你在爵士乐队演奏萨克斯赚外快；在家里做点东西并在网上出售，等等。
- 全职专业人员。有人靠从事某项活动谋生，每天工作几个小时，每周工作 5 ～ 6 天，每年工作 48 ～ 50 周，与同行业中的其他人竞争。它涉及更多的责任：严格遵守法律、平衡收支、管理人力资源、银行贷款、企业纳税申报等。你的利益相关者不仅有你自己，还有家人、员工、合作伙伴和客户。
- 该学科的研究人员。其工作突破了某一学科的界限，可能需要借助科学的方法、艰苦的实验、详尽的文档、为同行评议写论文、筹款、争取拨款，可能面临专业人士的责任、相对不太稳定的经济保障以及更孤独的生活方式，因为理解你的工作的人并不多。

尽可能客观地评价每一项活动。我们的热情可能会让自己觉得已经准备好了，我们想成为世界最优，没人能阻止。我们可能读过很多励志书籍，这些书骗我们要相信整个宇宙都在偷偷帮我们实现所有愿望，但那只是心灵鸡汤而已。如果你要这样做，你必须认清现实，而不是相信神秘力量的存在。只有通过长期努力获得成就之后，这条路才能让你的灵魂真正感觉良好。

以这种方式评估每一项活动后，在“个人才能”一栏填上相应的分数。

你有多大的机会利用清单上的每项活动赚钱？[①]

1. 我没兴趣也没机会靠它赚钱。市场竞争激烈，我只想把它当成一种爱好。事实上，这样做不会给我带来任何收入，甚至可能会让我花钱。
2. 货币化非常困难，需要大量投资、大量的专业知识和专门培训，不能保证很快就能赚钱，也不能确保这么做真的会成功。
3. 我可以从中赚钱。我了解市场，可以进入这一领域，或者我可以很容易地改变目前的业务或职业。只要投入最少的资金和时间我就可以让所需的基础设施（系统、位置、分销等）就位。
4. 我已准备用它赚钱。我可以很容易地过渡，我有时间、有诀窍，但对此有一个未满足的需求。我可以很容易地在短期内获得所有许可证、执照和所有其他销售产品、服务所需要的东西。

① 序号即代表相应的分数。——编者注

没人有水晶球，我们在这里讨论的是评估，所以你要尽可能真实地对列表中的每项活动进行评估。

如果你决定建立一个企业，你还需要更精确的评估——做一份真正的商业计划。制定商业计划超出了本书的范围，但是你要知道，商业计划是一个非常有价值的工具，可以用来衡量你的设想是否可行，如何开始，以及如何使它成功。

为了更好地进行评估，请考虑以下问题：

- 当地市场。你在哪里？你能够或有计划搬到别的地方去吗？如果你的潜在想法是在阿拉斯加的安克雷奇开一家冷冻酸奶店，也许应该考虑一下其他的选择，南方城市（比如迈阿密）可能更好。
- 潜在客户。你知道他们是谁吗？你准备好加入能够消费你计划销售的产品或服务的人群中了吗？
- 竞争对手。你将与谁的企业竞争？通过提供更好的服务和产品与当地老书店竞争是一回事儿，要建立一个挑战亚马逊的网站则完全是另一回事儿。
- 进入门槛。任何想要建立一个新的互联网浏览器，并使其成为全球默认浏览器的意图都注定要失败：像谷歌这样的公司和产品是无与伦比的，即使是拥有几十年经验的同等规模的公司也无法与之匹敌。市场总是对新的计算机游戏感兴趣，但那些顶级的竞争者控制着市场——他们极富创造力、经验丰富，并在不断研发范例、升级技术。如果你碰巧在计算机行业，你的产品足够好，它可能会自己“挤”进去。这个例子过于简单化了，关键是你要理解不同的企业和职位的不同门槛。有些更容易，有些则不可能——你在打分时也应该考虑这一情况。

- 你的营销实力。经验、位置和员工数量固然重要，但在其他方面，经营小企业就其投入营销的资源水平来说，并不如预期的成功。营销方面有一点不太公平：最大的竞争者（拥有更多资金和广告投入的人）几乎总是赢家。这给你的启发是，进入市场参与竞争时务必小心谨慎。

无论你在哪里，欢迎光临

你的所有梦想都在表格里了，每个梦想都有三个相关的评分：

- 你有多想追求那个梦想？
- 你在某项活动中有多高的天赋或有多大的潜力？
- 你估计从中赚钱的真正机会有多大？

清单上至少有 80% 的活动要么放弃，要么只值得投入最少的时间和精力。但其中几个（希望是 1 ～ 2 个，最多 3 个）值得你投入大部分注意力。在下一章，我们将带着你所有的小梦想，用帕累托法则进行清楚而彻底的分析。

无论在哪里，都欢迎你继续前进，要知道，我们已经发现了一些重要的东西：我们正在阻止灵魂不再被过去的梦境困扰。

九

愿望 vs. 天赋 vs. 金钱

为了避免魔法石被偷，哈利·波特、罗恩和赫敏必须离开宿舍。但他们听到了内维尔·隆巴顿养的宠物蟾蜍发出的警报。

罗恩：内维尔，走开，你不该在这儿！

内维尔：你也不应该在这儿。你们又要溜出去是不是？

哈利：内维尔，听着……

内维尔：不！我不会让你得逞的！你会给格兰芬多再一次惹上麻烦！我要打你！

（内维尔伸出拳头）

赫敏：内维尔，我真的，真的很抱歉……

（赫敏拿出魔杖并念了一句咒语：统统石化，内维尔瞬间僵住向后倒在地上，一动不动）

哈利：（对内维尔说）对不起！

赫敏：（对内维尔说）对不起！

罗恩：（对内维尔说）你知道，这是为你好。

（三个年轻的巫师在隐形斗篷的保护下离开了宿舍）

《哈利·波特与魔法石》（*Harry Potter and the Philosopher's Stone*）

克里斯·哥伦布（Chris Columbus）

按照愿望、才能和货币化程度对我们的梦想进行评估后，我们要根据图 9-1 中描述的逻辑进行分类。

“垃圾”

我总有一种奇怪的感觉：自己有打高尔夫球的天赋。我也不清楚为什么，但我就是知道——尽管我对做一个高尔夫球手不是很感兴趣。在 32 岁时，我决定去上一堂课。高尔夫球老师问了我好几次，尤其是看到我击出 170 多码（160 米）的杆后：“这是你第一次挥杆？你在开玩笑吗？”

我有打高尔夫球的天赋，但我还有很多其他更有趣的事情要做。于是，我高兴地玩了 45 分钟，优雅地接受了老师的赞美，从此再也没有踏上过高尔夫球练习场。高尔夫球对我来说是一种“垃圾”活动：我有潜能，但没激情。

所有没有达到我们愿望标准的活动（即使我们有天赋）都是“垃圾”。你该怎么处理“垃圾”活动？

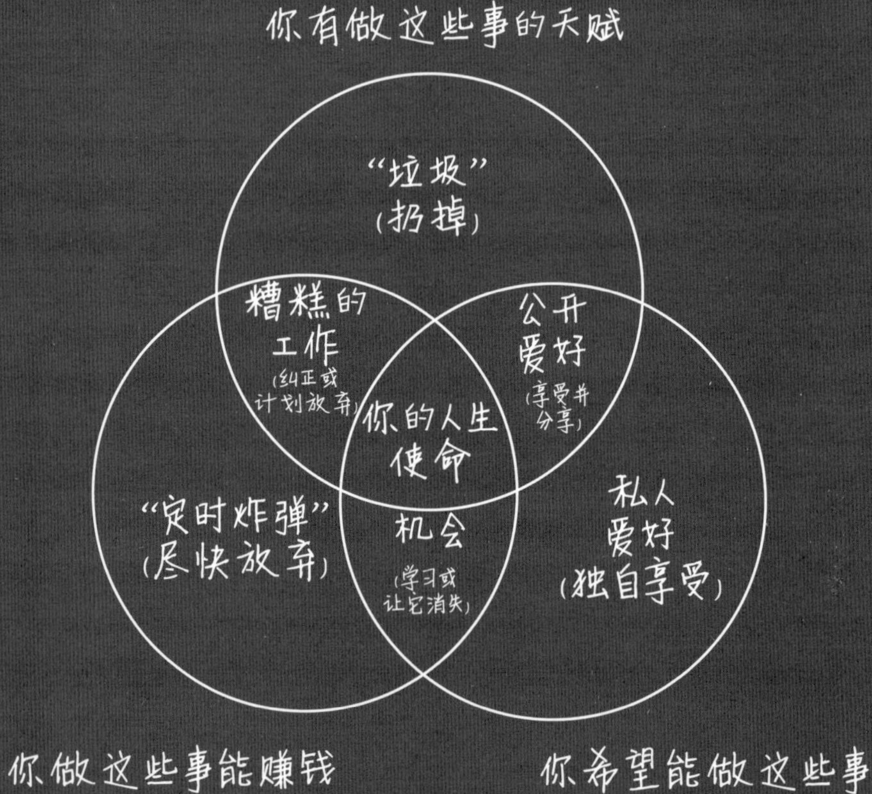

图9-1 愿望vs.天赋vs.金钱

扔掉它们，再也不看一眼。我们受达·芬奇诅咒困扰的人还有很多有趣的事情要做。

"定时炸弹"

我打赌你的生活中没有任何"定时炸弹"，为赚钱而去做你鄙视且讨厌的事确实很罕见。

如何处理"定时炸弹"呢？你要为炸弹爆炸做好准备，它的爆炸形式为：随时随地解雇你或踢你出局。

还有一种特殊的"定时炸弹"，它们非常普遍，经常发出"滴答，滴答……"的声响，它们被称为"糟糕的工作"。

糟糕的工作

每个人都做过或曾经做过糟糕的工作。你有天赋或者至少有经验，你也会得到报酬……但你要么对它不太热心，要么讨厌它。

糟糕的工作是一种"定时炸弹"，我们对它们不满意，可以容忍，却不能永远容忍下去，因为不满意会慢慢积聚，越来越多。如果你否认一份糟糕的工作会对你的健康造成损害，那么它会像前文中描述的那样（沮丧、愤怒，天知道还有什么）吞噬你。

糟糕的工作糟糕在哪里？

- 薪资不足。
- 不能晋级。
- 糟糕的组织气氛（政策、文化、风格）。
- 糟糕的组织结构（过于官僚或专制）。

也许不是因为工作本身很糟糕，而是因为公司、老板或你所在的部门很糟糕。分析一下，看能不能通过改变其中的任何一个变量，把糟糕的工作变好。

工作糟糕的明显征兆是压力，产生压力的原因有以下几种：

- 与管理层关系差。
- 监督不力——工作要求不明确、缺乏自主权、反馈不充分。
- 角色模糊——没有稳定的工作范围和责任。
- 节奏过快或压力过大：工时过长、轮班不便……这些有时甚至不符合工作的真正要求，但它们却是公司文化的一个方面。有人会隐晦或明确地威胁："你要么干得比劳动法规定的时间长，要么别干。"

处于工作压力下产生的生理和心理迹象：

- 工作积极性差。
- 工作时注意力不集中。
- 与同事和上司的关系紧张。
- 与同事沟通不畅。
- 感觉不满足或怨恨。
- 经常迟到或旷工

如何处理一份糟糕的工作？你要小心地解除这个“定时炸弹”。你得悄悄地、聪明地移动你的棋子，直到时机成熟，然后“将军”。

具体来说，这些像下国际象棋一样的招数都有什么呢？首先，你必须争取找到另一份工作。

如果你正在另一家公司求职，你应该有这些准备：

- 更新你的简历。向求职顾问寻求帮助，有他们的帮助会截然不同。
- 写一封很棒的介绍信。它们会被当作一个过滤系统，胜过简历本身。IBM公司为团队挑人时，我（真的）亲自写了几百封。求职介绍信可以展示求职者对一个职位的真正兴趣，而简历只能说明求职者声

称自己有多合格。

- 在就业市场中寻找机会，并将你的资料送达适合的特定职位：不要以群发邮件的方式提出申请，要有针对性。

这里的关键字是“小心退出”。不要光着身子在老板的桌子上爬上跳下，脸上写着“我不干了”，即使我们知道你乐于如此。如果有人给他们打电话询问有关你的情况，你的前上司很可能会在你选择工作的过程中给你挖坑——除非你和那个糟糕的上司亲切道别。

私人爱好

你已经30多岁了还喜欢玩电脑游戏或写俗气的诗？可以。这些都是私人爱好，是我们不太好意思分享的活动，或者是我们没有天赋、缺乏训练或经验的活动，或者是没机会赚到一分钱的活动。

如何处理私人爱好？当然是独自享受，但要注意它不能“吞掉”你的时间，不应该占用花费在重要事情上的时间。私人爱好可以转移你的注意力，但只能是停顿一下。你得回到生活中真正的大事上来。

公开爱好

公开爱好是生活中的大事，你享受参与其中，乐于在追随的过程中结交新朋友。它们通常需要资金支持——这是应该的。爱好就是可以让你感到愉悦、摆脱日常琐事、逃离按部就班的生活的活动。

无论是公开爱好还是私人爱好，都不一定要像做火车模型或集邮一样具有典型性。当然，这些爱好也都完全没问题，但是受达·芬奇诅咒困扰的人很可能倾向于选择具有挑战性的爱好以扩展他的知识面。在我们感到有动力从事的专业活动方面也是如此。

你该拿公开爱好怎么办呢？

享受呗。它们是一个令人感到快乐的领域，可以使一个人重回孩童时代，而且它们有时也会是人生使命的有趣备选项。

机会

做你喜欢的事情同时还有钱赚，但你没有这方面的天赋，或者至少现在还没有。

面对机会你会做什么呢？也许你听说过“危机”这个词，它由两个字组成，前者表示“危险”，后者表示“机会”。而这两个字放在一起的意思是：“开始的时刻，某事开始或发生改变的关键时刻”。

我们应该把机会看作一种危机，也就是一种不稳定的局势。简而言之，迅速改进（获得能力），或准备好被取代，或被迫退出。

你的人生使命

我们终于抵达了图的中心。你热爱这些事情，也有天赋，而且你会或者可能会得到报酬。

你在其中找到它了吗？如果没有，别担心。它们就在图中的某个地方，你只是还没识破它的伪装。

看看糟糕的工作、公开爱好和机会离这个图的中心有多接近，它们符合三项标准中的两项。是的，即使是糟糕的工作也一样。也许在另一家公司担任同样职位会大有改进，或者你有一份“不错”的工作：报酬合理，相当令人满意，而且你也相当擅长这份工作，只需要稍微调整一下就能达到目的。

一个公开爱好也可能成为你的人生使命，但是（这个“但是”很重要）你必须学会如何利用它赚钱。这绝非易事。

机会在三项之中最有可能成为你的人生使命，因为你喜欢它并能得到报酬。如果你有幸处于这样的位置，那么你所要做的就是认真做好它。

结果解读

仔细看看你的梦想清单，它代表了你的真实生活和潜在生活。

你的梳理结果可能有以下几种情况：

- 你找到了一项（而且只有一项）人生使命。如果你只有一项符合的活动，请允许我祝贺你。也就是说，根据你对自己的爱好、才华和机会的评价，这就是你的人生使命。
- 你有太多人生使命。如果你有四项、五项或更多的活动被确定为人生使命，这可能表明你的评分过于慷慨。这并不奇怪，我们受达·芬奇诅咒困扰的人就喜欢这么做。我劝你保守一些，再打一次分。
- 没有符合人生使命的活动。如果图中心没有任何活动，即你没对任何活动给出参数为“3”或“4”的评分，可能有以下原因。
  1. 你的评估过于严格，很可能是对你的才能或赚钱能力过于高估了。我建议你重新考虑调整这一类别，重新评价各项活动。
  2. 你的梦想清单不完整。你还没有找到足够感兴趣和具有商业潜力的活动。我建议你慢慢来。

读完本书，继续思考，增加一些内容然后重试。

3. 如果你确定已列出的是完整的梦想清单，并且打分很公平，相信我：你的人生使命就在里面，它很可能混迹于其他活动中，或者伪装成了其他东西。你必须把所有高分活动综合起来才能找到它。

把你的人生使命想象成裸钻，历经打磨才能显现光彩，也就是说，需要更精确地质疑、分析和定义。

要么如此，要么就是你还需要找一个隐藏起来的人生使命。这两种情况的下一步行动完全相同，也体现了本书的核心：治愈。

复杂、多方面的专业领域

诅咒不是疾病，不能用药物治疗；咒语不能消除，只有行动能使之消失。

我们受达·芬奇诅咒困扰的人绝不会满足于找到一个专业领域：我们必须找到一种能结合更多兴趣、最佳天赋和最高收益的专业领域。刚刚确定的人生使命就是你最主要的备选项。更重要的是，既然我们一定要参与这个专业领域的游戏，不妨玩儿出自己的风格——“具体又多样”的风格。

玩出你的风格的步骤：

- “合成”一个趣味盎然的专业领域，它……
- ……从多个传统领域中提取要素，以及……
- ……用其他活动作为补充，创建一个平衡的、富有挑战性的和激励人心的活动组合。

拿我的经历来说，我选择了做一名制琴师——一名弦乐器制造者。这个职业很特殊，但也具有多样性，我需要用到与工程、电子、声学、设计、人体工程学、木工等相关的知识。卢瑟里（Lutherie）要求我有高超的手工制造能力、良好的审美，以及成为销售经理所需的耐力，然后我就写了关于这个主题的书。

什么“具体又多样”的组合适合你呢？

也许这样的活动并没有写在我们的梦想清单的某一行上：它可能分散在两三项这样的活动里，等待你动脑把它们联系在一起。

在构建活动组合并进一步定义人生使命之前，你必须知道：

- 什么样的工作方式最适合你？
- 什么领域的知识是你最擅长的？
- 什么样的角色最适合你？

● 什么样的工作环境最适合你？

现在你可能会问：“我该怎么知道这些？”

耐心点，内维尔。我们必须一步一步地打破石化的咒语。

十

确定你喜欢的工作、领域和角色

萨布丽娜·费尔柴尔德逃到巴黎学习高级烹饪，试图忘掉她对大卫·拉拉比的迷恋。老师是一个有大鼻子、戴一顶大帽子并且留着尖尖的胡子的法国厨师。他们正在上课。

厨师：女士们、先生们，你们好。昨天我们学习了煮水的正确方法。今天我们将学习打鸡蛋的正确方法。

瞧，这是一颗鸡蛋！

鸡蛋不是石头，也不是木头做的。它有生命，有一颗心。打鸡蛋的时候，我们不能折磨它。我们必须慈悲为怀，像用断头台一样迅速打破它——咔！看到没？用手腕发力，一、二、三，啪！

（他在屋子里来回走动，监督学生们打鸡蛋。萨布丽娜没有练习，老师好奇地看着她，萨布丽娜给他看了一下手里的破鸡蛋）

厨师：用手腕！像鞭子一样！一、二、三，啪！

（鸡蛋在他手里也全碎了，他不好意思地把它藏在背后命令道：再拿一个蛋来！）

《龙凤配》（*Sabrina*）

比利·怀尔德（Billy Wilder）

到现在为止，你已经有了一张梦想清单，并根据你的个人爱好、天赋和收益潜力进行了评分。

来快速回顾一下：

- 需要放弃的糟糕工作、“定时炸弹”和“垃圾”。
- 私人爱好和公开爱好。选一个，然后继续。
- 需要立刻采取行动的人生使命——需要更精确地定义润色，或进行综合，因为它会伪装成机会来杂于其他活动中。

为了改进或综合这些活动，我们将通过以下步骤来确定你喜欢的工作风格、知识领域和喜欢的角色。之后，你就会更清楚自己的人生使命的真面目。

我们喜欢的工作方式

你肯定听说过，近几年的研究发现了不同种类的智力。例如，有些人因为擅长逻辑和数学被认为是天才，但他们鼓足勇气给整个礼堂的观众做演讲，结果却使大家昏昏欲睡。与之相反，一个天生的艺人虽然可以让观众在短时间内开怀大笑，但是要让他解释最简单的定理，恐怕他也会逃之夭夭。

根据定义，受达·芬奇诅咒困扰的人的才干不止一种。我们未必会百分之百适合某一特定的智力类型，但可能会在相对较高的程度上适合几种类型。例如，受达·芬奇诅咒困扰的人不一定有完美音高，但他们有音乐天分；他们不是数学天才，但他们的思维过程能围绕对世界的逻辑感知而构建；他们可能不是天生的艺人，但他们知道如何以自已的方式与他人相处。

这正是达·芬奇诅咒的核心。假设一个人的运动天赋高，善于利用体能，而其他智力水平一般。这样的人会自然而然地倾向于做（渴望、享受、擅长）有体力成分的活动：体育、舞蹈、表演艺术，以及其他需要力量、耐力、精确性和受时间限制的工作。他可以成为一名优秀的运动员、战斗机飞行员、演员、编舞、建筑工人、警官、士兵，甚至外科医生。如果有恒心并专注于一个动态的活动，许多受达·芬奇诅咒困扰的人都能做得像拥有纯动态智能的人一样优秀。问题的核心是：成为一名运动员或舞蹈家，会妨碍我们同时培养或拥有两种、三种、四种与智力相关的活动。清楚地辨别我们喜欢的工作风格，意味着能够辨别我们拥有并喜欢运用的智力类型。

你能从表 10-1 中找到你的喜好吗？当然，智力不能用表格来概括，你可以把这当作一个客观的参考。

表10-1 辨别你的智力类型和喜好

智力类型	领域和活动
逻辑—数学的（"擅长数字"）	形式逻辑、抽象概念、推理、数学、计算机程序设计、推理、模式识别、科学思维、复杂计算。 他们最好的学习方法是：分析
空间（"善于研究物体"）	形象思维、空间判断、艺术感觉、形状、几何和物体之间的关系，善于研究物质在空间环境中的互联性、机械性和动态性。 他们最好的学习方法是：可视化和想象
语言（"长于表达"）	熟练掌握词汇和语言：写作、解释、教学、讨论、口头表达，理解句法和结构的能力。 他们最好的学习方法是：读和听
运动（"体能好"）	控制自己的身体动作并熟练地运用各种物品的能力。感觉身体节奏、动作，训练反应能力并使其成为条件反射。 他们最好的学习方法是：行动、触摸、表演
听觉（"善于辨音"）	对声音、节奏、音调、音高、旋律和音色敏感。会唱歌、会演奏乐器，还会作曲。 他们最好的学习方法是：倾听
人际关系（"善于相处"）	沟通能力、同理心，理解他人的能力：理解他人的情绪、感觉、性情和动机。 他们最好的学习方法是：和别人一起工作
自我（"善于出主意"）	自省和自我反省的能力。哲学和批判性思维。具有这种智力的人很可能是：作家、心理学家、顾问、哲学家。 他们最好的学习方法是：反省
自然主义（"与自然和谐相处"）	倾向于理解、综合自然元素和/或生物学。具有这种智力的人，他们的典型职业领域选择包括地质学、生物学、农学、生物化学。 他们最好的学习方法是：观察和分类

找到你喜欢的工作方式了吗？我打赌你会说“全部都是！”，这就是达·芬奇的诅咒。请记住，我们正在找的是位于前面的两个或三个。记住这一点，然后继续。

我们偏爱的知识领域

我们把“理想的工作”定义为与我们的人生使命相一致的工作。这样的工作是罕见的殊荣。得到这份工作可能需要时间和精力（培训、获得经验，并最终获得工作机会），但你要相信它会发生。在合理的时间内，虽然不容易，你总能找到一份那样的工作，这是合乎逻辑的。

工作大概可以分为 6 大类：

- 以行动为导向。
- 以人为导向。
- 以组织为导向。
- 以说服为导向。
- 纯艺术。
- 纯科学。

每个领域都需要运用特定的智力类型，这也决定了相应的工作风格。在图 10-1 中，基本领域之间的交集部分还有一些

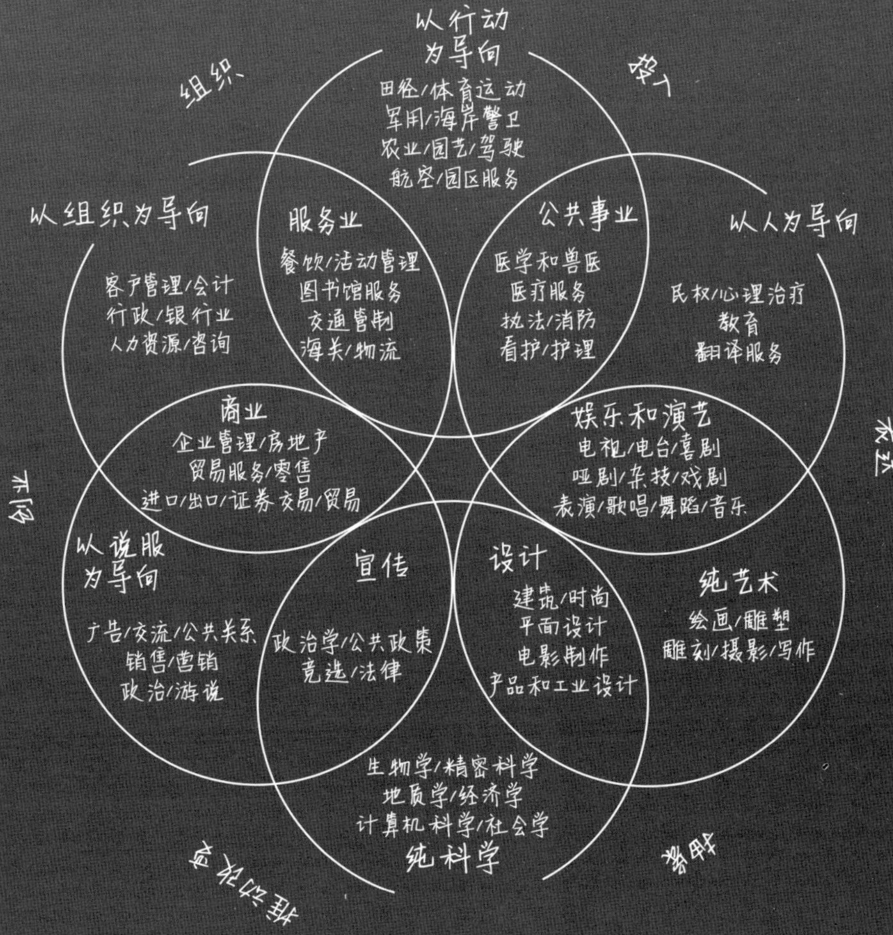

图10-1 你的理想工作位于图中的哪个位置

子领域——这类工作需要的天赋并不局限在某个单一领域（这听起来就是我们，不是吗？）。你能说清楚你的理想工作位于哪个领域或子领域吗（即使图中没囊括）?

图 10-1 不是占卜板，不会自动浮现神奇的答案，它更像是指南针。该图也许不能指向一个“完美的工作”，但它可以为你指示可行的方向。

图 10-1 只是为你提供指示，并非详尽无遗：

- 每个类别都包含着许多其他工作。例如，“商业”类别中只提到了几个领域：企业管理、房地产、零售等，但实际的商业领域多种多样。
- 每个区域都代表着许多相关的业务。例如，“医学和兽医”涵盖了大量的专业：放射学、外科和其他几十门学科——还记得“瑞士奶酪专家”吗？

我没研究过同时涉及三种类别的工作。它们确实存在，而且很可能与前文中定义的“破解达·芬奇诅咒的方法”相近。例如，要成为一名宇航员，你必须是工程师、飞行员、科学家，还必须具备特殊的身体条件，接受过广泛的职业培训。话说回来，如今的新闻业并不提供可以让你去外太空看看的岗位，不是吗?

本着这种精神，在你拥有特殊天赋、受过培训、充满乐趣的三个领域范围内，你可以随意尝试，以发现可能的工作。

位置相对的圆圈也代表着相反的导向。它们并非不相容，这样表示是为了综合多个复杂的活动，它们只是代表着相反的工作风格，需要不同的智力类型。

基于组织的工作（在图中左上角）需要顺序、计划、方法和定时操作；而纯艺术（右下角）的工作尽管涉及特定的技巧，却很可能受益于混乱、灵感和自发的行动。

同样，以人为中心的工作（右上角）是把人当成目标，而以劝说为导向的工作（左下角）是把人当成媒介——向他们推销东西，让他们投票，或者支持帮助他人的慈善项目。

纯科学的工作（正下方）要处理抽象的事物，比如数字、公式、原理，而以行动为导向的工作（正上方）要面对真实的现状，有时会面临危险，对体力的要求较高。

你需要在图中找到以下两个变量：

---

1. 你的兴趣和爱好。
2. 你目前具备的技能、接受的训练和拥有的经验。

对照之后你可能遇到以下几种情况：

如果你的兴趣和经验相一致，那么你的问题也许是糟糕的工作，而这很可能与工作环境有关，工资低、老板差等，但工作本身并没有错。

如果你的兴趣和经验基本对应，你可以重新接受培训，并制订计划以过渡到想去的领域。

如果你的兴趣和经验截然相反，例如你接受多年教育成为科学家，但你渴望当音乐家，那你可能需要重新做出抉择。

我知道这很难，但你必须做出选择：

- 除非你还比较年轻，否则你的兴趣必须成为爱好。
- 如果这种兴趣必须成为你终生的使命……嗯，那个问题你需要仔细考虑。

我希望你不会落入后面这种情形。也许你只是用了不切实际的方式来评估个人兴趣，只是让自己相信了想要一头扎进那些刚刚浮现在脑海中的新奇想法（典型的受达·芬奇诅咒困扰的人，对吧？）。请不要沉溺于此。仔细研究一下你想要参加的活动，调查一下如何实现，然后再重新考虑一遍。

但是，如果这种疑虑碰巧成真，即你的生活方式带有自我破坏性，并导致你被带至与你的兴趣和愿望相反的方向，那么你将面临这样一条路：你必须照顾好自己和那些依赖于你的人。剧烈的变化可能是破坏性的，你需要计划周全、有耐心和具备奉献精神。

更有可能的是，你的经验和兴趣也不会完全一致：它们会部分重叠，因此必须使二者协调。

让兴趣和经验更加一致的两种方法:

- 学习新技能并逐渐获得新经验。你必须阅读书籍、查找资料、参加课程、接受个人培训、与该领域的专家交谈、审阅期刊、阅读专业文献等。
- 调整或重新定义你的兴趣，以便充分利用目前的经验来接近它们。

假设一个警察想要在事件管理领域工作——这两个领域并不对立，但也不完全一致。新工作的合乎逻辑的切入点是（至少在开始时是）将重点放在事件组织的安保方面。如果你做了一辈子的推销员，但对艺术感兴趣，可以开一个美术馆（卖艺术品，与艺术家互动），这样的开始“更安全”：先做一些熟悉的事，同时充分提高你的艺术水平，直到把自己的画也卖掉。这比扔掉一切，开始以画画谋生明智得多。

我们喜欢的角色

我们回顾了“垂直世界”的基本角色：哲学家、科学家、设计师、工程师、营销人员、艺术家、批评家等。这些标签都是些泛泛之词，但无论如何，在这些角色中，你认为使用哪个会让你感觉更舒服呢？你的回答应该符合你喜欢的“工作风格”和“知识领域”。

“角色”一词是“专业化”的同义词。你更适合的角色应该具有理想工作的一个决定性特征。为此，请考虑以下问题：

你更胜任什么角色？找到理想角色的一个好办法是把自己想象成销售人员。人人都在贩卖，哲学家贩卖想法、科学家贩卖研究项目、设计师贩卖原型、工程师贩卖技术要领，而营销人员贩卖一切。哪个角色能使你更容易向投资者、客户或赞助商推销你的工作呢？

什么角色绝对不适合你？确认一下你不喜欢扮演的角色。这里的关键在于外包：你可以雇用别人去做你讨厌的事，或那些让你感到痛苦的事。利用别人的专长，把事情委托给他们，他们会比你做得好。这也可以让你有更多时间专注于自己的核心事业。

你将决定在哪条战线上竞争？没有一家公司能在所有市场上垄断所有客户。重要的是，想要具有竞争力，你的特殊专业性必须专注于某些方面，因为你的天赋能够在这些方面给你带来竞争优势。

在短短两年时间里，“黄尾”（yellow tail）葡萄酒就从默默无闻一跃成为美国最畅销葡萄酒。它击败了高品质葡萄酒和廉价葡萄酒，避免在广告量、成品质量、复杂性和各种优惠等经典战场进行对抗。黄尾葡萄酒的独特之处在于它的价格和质量，它是一款随处可买的葡萄酒，还有一个易于辨认的酒瓶（标签颜色有趣，还有一只袋鼠）。与市场其他产品（别人正在做你想要做的事）相比，你的“袋鼠”（与众不同的建议）是什么呢？

你喜欢的工作环境

我们假设你的人生使命是一份工作，一份理想的工作。回顾下面的工作条件可以帮你更好地定义你的梦想（同样会出现与你的偏好相矛盾的回答，这些回答不可信）。

你喜欢的工作有哪些特点?

- 室内还是室外？对于具有“自然主义”风格智力类型的人来说，这是一个无须动脑筋的问题。
- 从事体力活动，还是久坐不动？
- 大部分时间独自一人，还是和其他人在一起？你是内向的人还是外向的人？
- 在安静的环境中，还是在高频互动的环境中？
- 有自主权，还是有明确的指导？每一项都意味着具体的责任。
- 以一种可预见的、常规的方式，还是在需要即兴创作的条件下？

现在想想以下内容对于你的重要性……

- 想在一个道德标准很高的公司工作吗？（环境、个人、社会、道德……）

- 你监督其他人工作吗？（超越做老板的“兴奋感”：监督员工时，很多琐事也会随之而来，你得对团队中发生的一切负责，即使是小事。）
- 有职业发展的机会吗？（除了薪水更高之外，还要考虑其他因素：你所负责的员工和更长的工作时间。公司配备的智能手机、汽车和笔记本电脑固然不错，但它们是为了让你工作得更高效、更努力，时间更长。）

从头再来

请允许我在这一部分介绍一下用来“润色”你的梦想工作所需的最后调整。

我们将目标定义为：（1）意图，（2）在一定程度上或采取一定措施后可实现，（3）在一定时限内，（4）具有一定的优先权。

如果我说我计划做以下工作：“去健身房”“多吃蔬菜”“慢跑”……那么我实际上没有确定任何目标。这些甚至不是任务，只是良好的意图而已。

但如果我说：“我将每周去健身房两次，每次 45 分钟，为期 6 个月”“我将在 60 天内尽可能减少脂肪、肉类和糖的摄入量，并观察其对体重的影响”“我将步行 / 慢跑 30 分钟，每周三次，直到冬至。”这样听起来好多了。

所以，你现在的任务就是把人生使命、机会和爱好理解为目标：你想实现的是什么、做到什么程度、用多长时间。

把最重要的活动作为目标，可能会让你改变它们的顺序，甚至分类。这正是我之前所说的，这个过程是“迭代的”的真正含义！

约翰·列侬曾说过：“当人们疲于奔波时，生活已离你们远去。”一个完整而成功的人生是一种理想，理想是我们仅有的东西。我们的生活是真实的——与完美相去甚远。

“计划”是生活的基础，但要在几项活动之间取得适当的平衡需要纪律和毅力。下一章就是关于这一点的阐述。

你要知道，力量都在手腕上。

十一

平衡的生活：构建你的金字塔

艾伯特·马科夫斯基和薇薇安·杰菲之间的第一次面谈。薇薇安是一名有经验的侦探，艾伯特想雇用她来调查发生在自己身上的一系列奇怪的巧合。

薇薇安：你为什么不直接告诉我你的情况？

艾伯特：我不知道你们是干什么的，不是吗？

薇薇安：我们将调查并解决你的案子。

艾伯特：怎么做？

薇薇安：如果你签了合同，我们会跟着你。

艾伯特：你会监视吗？

薇薇安：是的。

艾伯特：监视我吗？

薇薇安：是的。

艾伯特：你会在浴室监视我吗？

薇薇安：是的。

艾伯特：在浴室里？！

薇薇安：是的。

艾伯特：为什么？

薇薇安：没有一件事情是无关紧要的。你知道警察凭借提取到 DNA 就能立案吗？如果我们看到你用牙线，那可能是整个事件的关键点。

《我爱哈克比》（*I Heart Huckabee's*）

大卫·拉塞尔（David O. Russell）

这一章很短，但在我们开始构建新的活动组合之前，你还是有必要读一下。

我相信你一定听说过“马斯洛金字塔”，它是对亚伯拉罕・马斯洛的需求层次理论的图解（见图 11-1）。简单解释一下：我们的行为集中在不满意程度的最底层，上层的不满意程度会被忽视甚至被否定。但是，一旦底层需求被满足，上一层次的需求会立即出现变成焦点。如果我们正在挨饿，在这一生死攸关的需求得到满足之前，我们对其他事几乎无能为力。

马斯洛并没有画出金字塔；他只是在一篇科学论文中描述了需求层次理论，所有这类金字塔都是对其理论的解读。

有些金字塔把“自尊”也放在了其中，我想这可能发生在 20 世纪 80 年代，那时这一概念催生出很多有关励志的畅销书。还有人在最顶端挤进了“超越”一词，而这个词在原文中根本不存在。

当你在网上搜索“马斯洛金字塔”这一词语时，在 0.7 秒

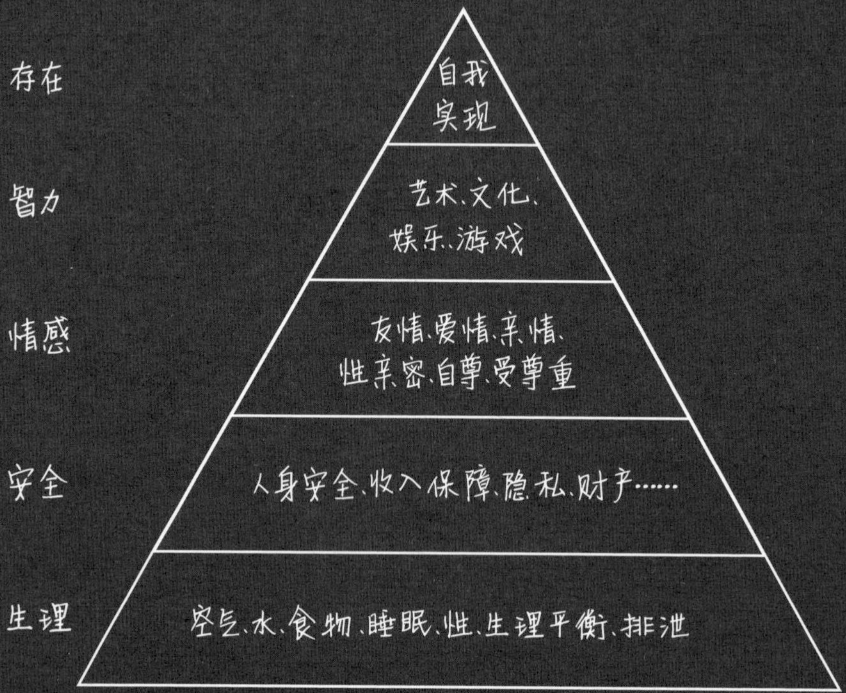

图11-1 马斯洛需求层次金字塔

内能得到 100 万个不同的版本。不过，马斯洛确实把“自我实现”放在了最高层，这正是他的主要观点。

越往下塔身越宽，也越靠近底部，这意味着那些领域在生物学和心理学意义上更加具有根本性，但这并不一定意味着它们需要获得更多关注。金字塔的最底层是“生理需求”，在所有需求中占比最大，但或多或少能自动得到满足，而当我们往金字塔上面走时，精力会更集中。

聚焦/平衡：一个无法解决的取舍？

“聚焦”的意思是把我们的精力和注意力集中在一件特别的事情上，“平衡”是指将精力和注意力分配到几件事情上，两者都被视为“美德”。那我们应该专注于一件事，还是专注于几件事？如何取舍呢？

我们进行的活动数量与可以分配给每个活动的注意力之间是反比关系。图 11-2 从另一个角度显示了这些关系，在这里用正常的、积极的术语和“阴影”术语来描述。一种行为是好是坏，取决于它的原因和效果。

平衡可以在图中的某个地方实现，该图中有相当多的兴趣或领域，它们都在争夺我们所能付出的相当多的精力和关注。实现或维持这种微妙的平衡不太容易，但你可以做出调整，以使生活更加平衡。

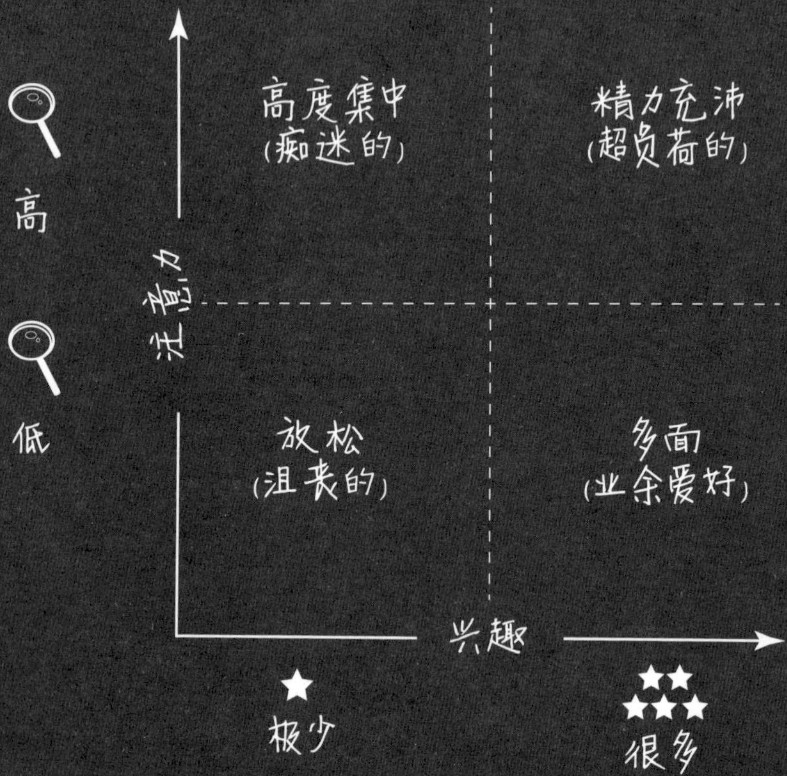

图11-2 兴趣的类别与精力分配关系

刻板印象，不平衡的金字塔

让我们按升序排列把金字塔的层次简化为三个：身体、头脑和精神。如果你的生活缺乏锻炼、足够的营养，不够健康，你的身体层面就会出现缺陷；头脑层面指的是工作、智力和娱乐；精神层面是指情感、爱、自我实现（个性化）等。

图 11-3 展示了一些典型的金字塔。你能在其中找到自己吗？

注意，在这三个层面，不平衡的精力分配会产生“不稳定”的金字塔，一种优雅的说法是“不完整的生命”，糟糕的说法是“过早死亡”。

你的金字塔缺少什么呢

换句话说，什么会使你的投资组合更平衡？你的日常生活中缺少了什么呢？你是否会想念呢？是锻炼、读书、冥想、素食，还是些许被爱？

每个生命都与众不同，因此，请根据个人情况执行以下操作：确定你当前缺少什么，把它们放进梦想清单，并给所有三个栏目打分。

记住，它们不是特定的事件，比如“读某本书”，而是正在进行的活动，比如“通过读 X、Y 和 Z 这些书来增加对科目‘A’的了解”。

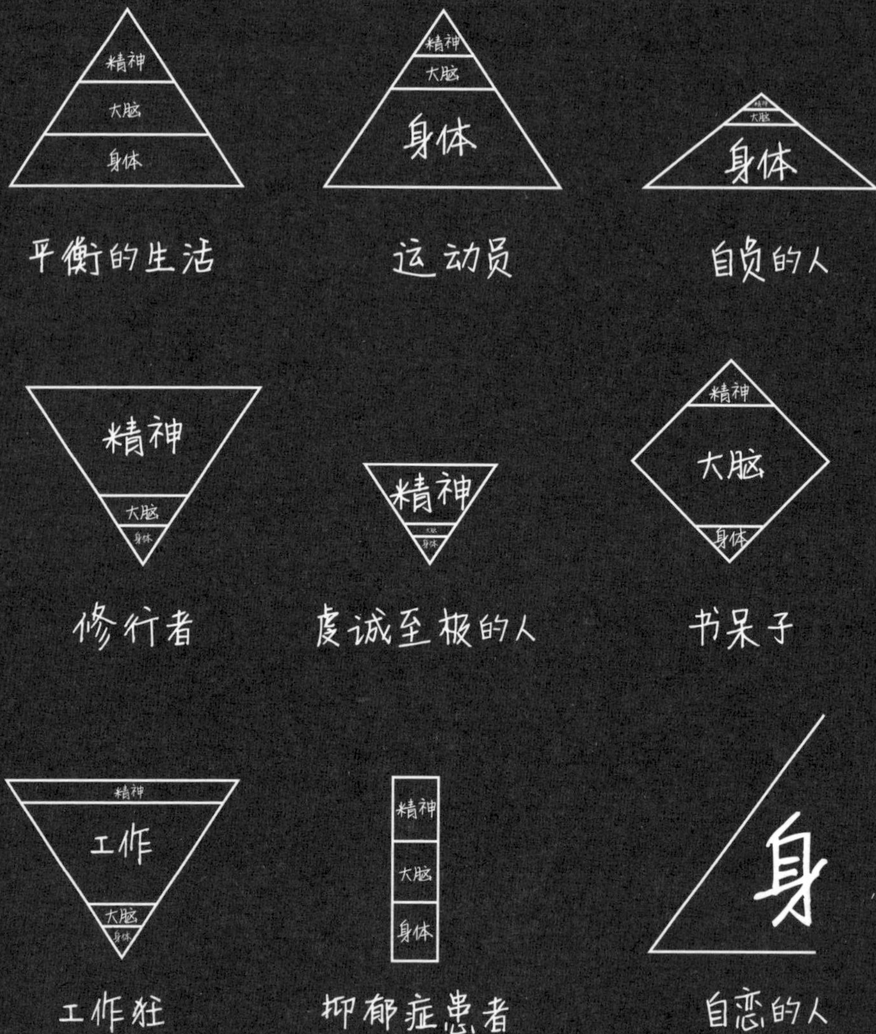

图11-3 你自己的金字塔是什么样子的

平衡的生活是由大事、小事、我们需要做的事、我们想要做的事和我们不想做的事组成的。这些事物各自分开时不能成为全部现实生活的关键点，它们作为一个整体却必然是。

十二

是时候整合你的人生使命、爱好和机会了

恰克终于在建筑工地找到了他最好的朋友威尔·汉廷。威尔是一个天才男孩，他在浪费自己非凡的能力，因为他觉得自己没有义务去利用这些能力。

恰克：你是我最好的朋友，所以不要胡思乱想。但 20 年后，如果你住在我隔壁，喜欢看爱国者队的比赛，仍在建筑工地上班，我会杀了你。这不是威胁，这是事实。

威尔：恰克，你在说什么？

恰克：听着，你有我们都没有的东西。

威尔：为什么总是这样？这是我欠自己的吗？如果我不想呢？

恰克：去你的，这是你欠我的。我 50 岁时还会在这工作，但这是我尽力能做到的。但是你……你就像坐在中奖的彩票上，却不敢兑奖。我愿意做任何事来得到你所拥有的，这些人也一样。如果你 20 年后还在这里，那对我们所有人都是侮辱。

《心灵捕手》（*Good Will Hunting*）

格斯·范·桑特（Gus Van Sant）

快速回顾一下：到现在为止，你已经确定了潜在的人生使命、爱好和机会，也已经确定了补充活动并建了一个不错的个人金字塔。

组建你的波士顿矩阵，找出金牛、明星和瘦狗

现在是时候把它们相互协调起来了，也就是说，我们必须把这些活动组织成一个“组合”。该组合基于一个经典的管理工具，即“波士顿矩阵”（见图 12-1），由波士顿咨询集团开发，以帮助大型联合企业决定留下哪些子公司或清除哪些子公司。它用两个参数进行分析比较：市场增长率和某公司的市场份额。以这种方式评估，可以把公司归类为以下类型：

明星。在不断扩大的市场中，市场占有率很高的公司。它们的表现一定会很出色，必须不惜一切代价留住这些公司。

图12-1 管理工具——波士顿矩阵

金牛。市场占有率高但处于收缩市场的公司，只要能继续赚钱就必须保留，它们能为其他公司提供资金帮助。

瘦狗。在收缩市场上表现不佳的公司。有时被称为“死狗”，因为它们没有生机或将很快开始赔钱，所以必须尽快摆脱。

困境。市场占有率低的公司，但它们所在的市场在不断扩大。“两难境地”是指不确定是否要继续投资。

所有市场都有周期性（起始、扩张、稳定、衰落），公司也有周期性：随着时间的推移，“明星”变成“金牛”，“金牛”变成“瘦狗”。

最后一步

在最后两栏里，为顶级活动（“人生使命”和“机会”）打分，打分范围为 1 ～ 10：

- 对你目前个人财务的真正贡献。这项活动是资产（赚钱），还是负债（花钱）？如果它花了你很多钱，打 1 分；如果它帮你赚到所有的钱，打 10 分。尽量不要打 5 分，这样最终才可以把它们明确归类于某个象限。
- 对你的自我实现有帮助——你觉得这个特别的活动对你的个性化、自我实现、幸福等有多重要？

重要提示：在这两栏中也要对当前的工作进行评分。是的，尤其如果它是“糟糕的工作”。

到这里，我们就不再考虑“定时炸弹”和“垃圾”了，我希望你很久以前就把它们处理掉了。“私人爱好”也与这一分析无关，但你可以给“公开爱好”打分，因为你不知道将来会不会有机会靠它们赚到钱。

所有活动的评级结束后，你可以试试用图 12-1 归纳分析一下你现在在做的事情。

最终，你可以完成一个类似于图 12-2 的坐标图。在那里，所有的“人生使命”“机会”“爱好”“糟糕的工作”，以及其他补充活动（用于平衡金字塔的活动）会放在不同的象限里。

最重要的当然是“明星”。以下这些情况如果你有不止一个，不要同时进行，因为它们会破坏你的日程和生活平衡。

如果你有多个“明星”，则必须执行以下操作：

- 选择一个，其余的忍痛放弃，或者把它们降级为“爱好”。
- 运用决策技巧逐个处理，控制好时间。
- 如果可能的话，用所有这些因素整合出一项新的人生使命。

图12-2 活动组合案例

在我的个人图中，明星象限中有三个活动。其中一个是正在写的这本书，现在我要去做另外两个了。

对于其余的活动，你现在要做的工作如下。

困境：通过研究决定你是否想要继续，以及达到什么程度。“困境象限”最有可能充满“机会”。记住，你每天为这些“天上的馅饼”投入一小时，你的“明星”就损失一小时。

金牛：“糟糕的工作”肯定在金牛象限的某个地方。它也许对你的幸福贡献不大，却能帮你支付账单。你要坚持做下去，直到安全地放下它，或者直到它变成一只“死狗”——你必须采取行动，不要拖延，因为它对健康伤害太大。

瘦狗：你不喜欢做但是必须要做的事情应该出现在图的这个部分。这些是“瘦狗”不是“死狗”。希望你一个都没有。当然你也可以有一个“瘦狗”（一个你喜欢的爱好但不可能将其发展成职业）。就像养一只真正的瘦狗那样，爱好能给生活带来快乐。但两个、三个或更多个爱好只会越来越消耗时间。理想的情况是，新发现的“明星”会成为你的爱好，这样你就可以真正把所有的注意力都放在它上面。记住，过多的爱好只能让达·芬奇的诅咒不断持续。如果你的组合中有两个或更多这样的小活动，不要让它们分散你的注意力，赶快把它们剥离出来。

十三

严肃地处理你的待办事项

萨布丽娜·费尔柴尔德和百万富翁莱纳斯·拉拉比正前往玛莎的葡萄园。这是莱纳斯的计谋，目的是让萨布丽娜离开他的哥哥大卫。他们从直升机下来走向了私人飞机。

莱纳斯：（用手回指着直升机说）它给我们省出了堵车的时间。

萨布丽娜：（用挖苦的语气说）……还有那些收费站。

莱纳斯：嗯……“萨布丽娜”是一个美丽的名字，谁给你起的？

萨布丽娜：来自我父亲的读物，它出自一首诗。

萨布丽娜·菲儿，
请你坐下细细聆听，
在晶莹透明的波浪下，
在百合花交织的花丛中，
散落着一束束琥珀色的头发。

（莱纳斯翻着报纸，没有注意听）

萨布丽娜：你从来不往窗外看吗？

莱纳斯：有空的时候会看。

萨布丽娜：你乘直升机省下的时间呢？

莱纳斯：（狡黠地笑）存起来了。

萨布丽娜：（难过但坚定地说）不，你没有。

莱纳斯：（转移话题）那你的小诗是什么意思？

萨布丽娜：是一个水之精灵从死亡的命运中拯救了一个处女的故事。

莱纳斯：所以萨布丽娜是那个处女？

萨布丽娜：（看向窗外）萨布丽娜是拯救者。

《情归巴黎》（*Sabrina*）

西德尼·波拉克（Sidney Pollack）

“只是公事而已”，我曾见过一张保险公司的海报，上面是一张照片：一个威严的秃鹰头紧盯着我，严肃而自信。我认为我们必须用这样的方式处理待办事项。

所有的时间管理系统都有局限，你要靠自己

世上有太多的时间管理系统。在那些以商业为导向的系统里，许诺能“明确控制你的‘待办事项’清单”，甚至“控制你的生活”的情况并不少见。毕竟，这个行业能在出版、研讨会和议程等方面产生数百万的销售额。但实际的情况并非如此。

所有的时间管理系统都有其局限性：

- 时间管理系统不能管理时间。它们是“垃圾输入/垃圾输出”系统。只有当你正确地设定优先等级、适当地做记录……它们才能帮你整理好待办事项。

而糟糕的优先等级排序将会导致糟糕的时间管理。

- 时间管理系统也不能管理你。它们不提供纪律，它们需要纪律。使用系统本身也需要耗费时间和精力，而这恰恰是它们应该节省的东西。

我最近了解到一个时间管理工具，它的界面是一个西红柿形状的厨房定时器：你可以设置让其在 25 分钟之后发出“叮！”的一声，从而强迫你暂停或进行工作转换。时间管理系统让人不快的真相是，你本应自己管理好时间，而不是指望某个应用程序或西红柿形状的厨房定时器帮你做到这一点。

那么让我们靠自己的努力吧。

待办事项的优先等级

时间是最宝贵的资源。金钱来了又走，爱情来了又走，运气来了又走，但时间只会一去不复返。

待办事项是需要我们注意的那些事，我们很少会有足够的时间去做所有的事，而有些事根本不应该做。因此，我们需要一些标准来评估待办列表中的每个事项。我在这里提出的，是我所发现的最客观、最靠谱的方法。

紧迫性和重要性

待办事项的本质属性是它们的优先等级。不同程度的紧迫性和重要性相中和之后才能确定优先等级。

如果我们说某事很紧急，意思是说它需要关注，但根本没有说它是否值得这种关注，而现代生活充满了各种无关紧要的急事。

从重要性的角度来看，待办事项位于必须做的事和琐事之间。让我们看看这些参数的组合如何定义待办事项的优先等级。以下是极端情况，所有其他的可能性都在中间位置。

迫切且重要的事：紧急情况 英语里的名词 emergency 和动词 emerge 有着相同的词根：我们像往常一样过活，然后出现了一些需要我们立即全神贯注去做的事情。紧急情况并不总是消极的，但如果不采取行动，它们通常就会变消极。

开会或看电影迟到很久不是紧急情况。将日常事务提升到紧急情况级别会导致心脏病提前发作。紧急情况是对我们或其他人构成明显威胁且近在咫尺的危险局势，而任何可以通过电话解释和道歉的事都不是紧急情况。

在紧急情况下，我们需要按照以下确切顺序做三件事：冷静、专注和行动。紧急情况要求暂停所有其他无关紧要的待办事项。我们所需要的唯一积极和自觉的姿态是尽最大努力保持冷静，用冷静的头脑来平衡肾上腺素。

紧急情况下的合理行动顺序：

- 发警报。寻求帮助、尖叫、按火警按钮、拨打报警电话，或其他任何有效方式。
- 必要时保护自己免遭伤害，这样就可以返回现场或寻求帮助，或给其他处于危险中的人帮忙。
- 战斗或逃跑，视情况而定。

“紧急情况”这个词听起来具有灾难性，但即使是小事也会升级为紧急情况：鸡蛋放在炉子上会熟，然后被烧焦，最后引起火灾。

迫切但不重要的事：日常事务 这些都是对时间要求严格的事情，但即使不能按时完成，也不会是世界末日：一般来说，它们只是意味着在未来会花费更高成本（金钱、时间、声誉等方面）。

超市 10 分钟后关门，而冰箱里只剩半个柠檬，如果我不抓紧时间尽快赶到超市就只好点一个比萨，与我在几分钟内就能做好的食物相比，比萨更贵、更不健康、更不好吃（我非常喜欢做饭）。如果不按时交费，手机就会停机。灾难不会接踵而至，但挫折会随之而来：罚金、不得不用公共电话，以及可能因为不能及时回电话而失去机会。

对时间要求严格的待办事项是指对将来有确切意义的紧急事项：会议、约会、计划好的活动等。它们的时间严格程度通常取决于我们与其他人达成的协议。其重要性在于事件本身，以及它们对我们的个人声誉的影响。

如何处理对时间要求严格的待办事项呢？首先，你要制定一个有效日程，按实际情况安排预约；其次，准时到达——早到 5 分钟比迟到 5 分钟好。如果必须取消或重新安排，一旦意识到修改的必要性，你应该立即拿起电话道歉然后重新协商。

不迫切但重要的事 我记得阿根廷著名幽默作家奎诺（Quino）的连环漫画。他笔下的主人公马法尔达是一个 6 岁的女孩，她在上学的路上看到一群工人在人行道上挖洞。她停下脚步，走过去问道："你们是在寻找我们的民族特性之根吗？"其中一个工人回答说："什么？不，孩子，我们在找煤气泄漏点。"马法尔达无可奈何地说道："总是这样……紧急的事情不会给重要的事情留出任何时间！"

重要的事情可能会被日常的、紧急的事情所取代，我们需要做这些事，但做这些事对个性化无益。

不迫切并不意味着不重要。举个经典的例子：与所爱之人共度美好时光——这些"不迫切"的时光将一去不返。

不迫切或不重要的事：琐事 我把琐事和娱乐列为同一级别。如果今天不去看电影，我可以以后去，或者几个月后买张 DVD 回家看。

谈到琐事，在下一章中我将更深入地讨论那些过多侵占我们注意力但事实上不值得的事情。

优先等级

有些事必须在其他事之前处理，不是因为它们更重要，而是因为它们有必要性：有时间的原因、成本的原因、便捷与否的原因。

甘特图是项目管理的常用工具，主要是依照优先等级和时间顺序安排不同的任务和活动。一旦完成，甘特图将显示完成这些任务的最佳方式，其中一些可以同时进行，而有一些在前一个任务完成之前，其他任务无法开始。

任务有不同的时间跨度（水平条）和必须完成的顺序。奇怪的是，时间管理系统中很少有类似甘特图的功能，这样也就无法帮我们明确优先等级。

“钉子户”，待办事项里那些又大又丑又多毛的东西

有一种类型的待办事项不属于上述任何类别，就是那些又大又丑又多毛的东西，它们会永远留在待办事项的清单里。

我认为我找到了原因：它们不是一个待办事项，而是几个，我们没有它们的相关信息。信息是决策的基础，除非事先知道那些又大又丑又多毛的东西的组成部分和先例，否则无法处理。

又大又丑又多毛的东西：

- 我们不确定什么时候（甚至是否）必须做的事。
- 我们以某种方式否认的事（就我个人而言，它是指任何类型的医疗产品）。
- 定义不够明确的事，只有想去做的意愿，却没有明确的目的。

怎么处理又大又丑又多毛的东西呢？好吧，如果缺乏信息是问题所在，那么解决办法就是沟通——这就是获取信息的方式。

你得找人谈谈：

- 顾问——律师、医生、税务人员。
- 内部人员——客服代表、政府官员、咨询员或者经历过这一切的朋友。
- 风险承担者——那些期望你完成任务的人。可以是你的老板、你的配偶、你的孩子、你的邻居、政府办公室、公司，等等。

他们应该可以帮助你判断任务的重要性和紧迫性，它们或者既重要又迫切，或者两者都不是。当然，为了得到一个客观的评估，你得保证咨询的人是站在你的立场想问题的，不要问赌场老板如何对你的积蓄进行投资。

这里我列出了一些关于待办事项的有用建议，可以用于那些适合你本人的情况。

不要带着人为的紧迫感工作

不要带着人为的紧迫感工作。这是近期的一种相当标准的态度，是我的亲身感受，尤其是在美国公司。同行之间的加薪和晋升的竞争加剧了默认的、人为的紧迫感，这种紧迫感旨在“展示”自己在公司的地位。自相矛盾的是，知道自己能力有限的那些员工，即那些可以平静而理性地拒绝自己无法达到的要求或索要额外资源的员工所表现出的性格和现实态度往往让上层管理人员认为他们才是潜在的高管。

不必期望别人对你刮目相看

不要再尝试让别人对你刮目相看。领导特别不喜欢出现意外，即使是意外的惊喜。相反，他们想知道你的进展情况。一无所知会让他们在自己的领导面前处于弱势地位。你要让你生活中重要的利益相关者，包括合作伙伴，知道你在做什么——制造惊喜的周年纪念礼物除外。

尽量不要“中途换马”

尽量减少“中途换马”的情况。决定走一条路就要坚持下去——除非你有证据可以证明此路不通或代价高昂。汽车卫星导航可以实时优化路线，但对人们来说，这意味着失去对目标的关注。与其不停地改变策略，不如下次再学。

明智地分配节省出来的时间，而不是用来做更多的工作

试着按照优先等级来理解你的待办事项。无论如何，你应该应用一个时间管理系统。

在选择时间管理系统时，请确保以下方面：

- 它有助于把所有待办事项放在你随时可以查看的一个地方，比如某种类型的多平台应用程序。
- 它按紧迫性和重要性安排待办事项的优先次序。
- 它可以通过待办事项的结构：甘特图、树状图等反映优先等级。

随着时间的推移，你会在这方面做得很好——你会更有效地管理你的时间，拥有更多的空闲时间。明智地利用这些空闲

时间：和孩子们一起玩（如果他们已成年，就和他们一起喝啤酒）、拜访朋友、和伴侣一起吃一顿浪漫的晚餐、在森林里遛狗。

如果可能的话，不要用节省出来的时间来做更多的工作。你可以节省时间，但你不能把它储存起来。节省出来的时间必须明智地立即使用。

第三部分
我们所能预料到的寻常挫折

十四

那些你必须面对的障碍清单

黎明即将来临。

罗伯·史塔克是临冬城的代理领主，他的父亲被俘，在王国的首都君临城等待刑罚。罗伯将与非法继承王位的国王乔弗里的强大军队作战。他的养弟兼好友席恩·格雷乔伊和他一起坐在要塞的主室里。

席恩：你害怕吗？

罗伯：（伸出颤抖的手）是的。

席恩：（微笑）很好。

罗伯：很好吗？为什么？

席恩：意思是你不笨。

《权力的游戏》（*Game of Thrones*）

乔治·马丁（George R. R. Martin）

恐惧是一个好朋友，但别让它靠得太近

恐惧对任何物种的生存都起着至关重要的作用——本能会告诉我们危险的存在。但我想告诉你，这是一个陷阱。恐惧及其与危险的关系，有点像是“帕斯卡的赌注”（Pascal's wager）：如果我们不害怕，而危险确实存在，我们将毫无准备并受到伤害；但如果我们害怕，却没有危险，结果只是你会害怕一会儿，没有别的。

出于这个原因，有时我们会习得性畏惧——“宁可平安无事也不要后悔”。但是这种先发制人的恐慌往往要付出高昂的代价——生活在恐惧中会对健康和幸福造成损害。

约翰·施特劳斯博（John Strausbaugh）在他的书《娘娘腔的民族》（*Sissy Nation*）里清晰地说明了他的观点：

（我们）一个接一个地表现出：因循守旧、群体

至上、消费主义、政治正确、幼稚的自恋、人为制造的恐惧和恐慌、失败主义、懒惰、肥胖、性别混淆、受害者崇拜、逃避现实、把生活方式错当成生活、把充满垃圾的生活错当成充实的生活。

……现在，我们终于发现：它们不是单独的、各不相干的问题。它们会相互强化，属于同一种庞大的“娘娘腔文化”，这种文化被一场完美的“娘娘腔风暴”汇聚在一起。我们不只是肥胖、不只是懒惰、不只是墨守成规、不只是自恋……所有这些和其他的东西一起汇聚成了一个巨大、柔软、黏腻的球。

励志书籍、武器、为世界末日做准备的电视节目……所有这些对商业发展有利的东西都在蓬勃发展，尤其是在“9·11”之后。我们什么都怕：害怕疾病、害怕死亡、害怕生活、害怕性、害怕食物、害怕空气、害怕天气、害怕经济，还害怕其他数不清的事情。

你看到全新的活动组合时会有什么感觉？如果你一点儿也不害怕，那么你的梦想可能还不够大。恐惧是离开舒适区的标志，这是成长的唯一途径，也是唯一出路。

如果你感到强烈的恐惧，这意味着新设计的生活可能有点过于雄心勃勃，需要修改和调整。

恐惧是一个好朋友，但别让它靠得太近。

拖延不是朋友，它的目的是进攻

拖延不是朋友。或者说，拖延是我们对别人不友好的一种表现。

拖延可能伴有抑郁症的症状。一个得到普遍认同的结论是，抑郁以及随之而来的拖延是被压抑的愤怒。如果你拖延，也许你可以想想自己为什么这么生气。

拖延症可能是一种被动的进攻。暴力并不是进攻的唯一方式；被动的进攻是更微妙的暴力形式。我们或其他人不做那些需要做的事，会导致与不作为相关的后果，是一种惩罚或反击。

拖延是自相矛盾的，这意味着你既要参与斗争又想回避冲突，这样做会伤敌一千，自损八百。从某种意义上说，拖延是一种自我侵犯。

你从中看到拖延症的共同点了吗？进攻性。我认为拖延的目的是进攻——攻击别人、攻击自己、攻击所有人。当然，我说的不是偶尔的偷懒（我们都会时不时地偷懒），而是忽视重要人物、事件和责任的一贯态度。

就这个问题进行更深入的讨论将超出我的能力范围。我只想说，如果你是一个长期拖延症患者，你应该考虑上述可能的原因，寻求专家的意见可能会对你有所帮助。

停滞源于你的怀疑

这方面的一个经典案例是作家写不出作品，就好比我们正在写一本书、一篇论文、一份报告……但突然间写不出来了。这不是懒惰：这与我们内心的信念有关，也许是还没有意识到我们的工作是个骗局。我们停滞不前，是因为不相信自己正在写的东西。

这种情况在所有创造性的艺术表现中时有发生。不信任不一定与我们的工作质量有关，而是与看法有关。当我们的内心意识到假设可能导致自己得出站不住脚的结论时，我们就会停滞不前。

我能给你的解决方案：如果可能，请更新基础和前提重新开始工作。如果不可能，而且认为它与你的“大我”不一致，不如干脆丢弃它。需要当心的是，你不得不丢弃的不仅是未完成的草稿，如果问题出在我们的信念本身，这些信念也必须丢弃。总有一天会有一些新观念取代它们。

不要让你的自我认知被自恋扭曲

坏消息：你是一个自恋者。好消息：我们都是，这在某种程度上其实还好。

自恋是一种健康的心理特征，可以让人有足够的自尊和健康的自我表现。但过度自恋则是一种病态，会导致傲慢和自我憎恨。

浮夸的冲动会从内部压迫人格，造成消极的自恋，产生“膨胀”：浮夸和理想化的投射，将浮夸的能量转移到其他人、机构或团体身上，表现为种族、性别、社会阶级等。

来看看你的自恋属于哪一种：

- 对批评过于敏感。人人都崇拜你并称赞你的能力和成就（无论真实还是夸张），而你的伪装完好无损。开始工作时，你会觉得自己无可匹敌，但在和经理开会讨论一些不必讨论的事情后，你会突然觉得自己是个失败者。羞愧和愤怒困扰着你，并蔓延到了生活的其他方面，“如果我的工作非常失败，这也意味着我还浪费了大量时间”。突然间，你的整个生活就变成了一个自我厌恶的借口：你没有能力在所有事情上都做得很好，无法达到你膨胀的自我意识的要求。这是一个非常可怕的场景。
- 无限的幻想、行动或要求。一种带有浮夸感的权益永远得不到满足的状态。把异想天开的想法强加于周围人、作为受害者从别人那里获得特殊的待遇——你也会因此成为施虐者。
- 低估你正面对的问题。有一种不错的自恋态度是面对挑战时说“我能做到！”，这就像一种自我鼓励，可以帮你站在自己的立场面对冲突。过于自恋的人往往持有错误的优越感，会忽视新的挑战。他们看起来好像很自信，但实际上是在否认冲突。这种态度通常会适得其反。例如，不去为考试、面试或会议做好充分的准备；一旦感觉病情好转就停止服用抗生素或其他药物等。

- 恐慌。这是我们对待冲突采取的一种截然相反、十分极端的反应。一个成熟稳重的个体在应对每一场冲突时都有充足的精神和体力准备，这是一种“以防万一”的恐惧。

自恋背后的关键概念是“华而不实”：幻想的自我开出支票，而真实的我们却支付不起。这会让我们陷入种种困境。

狂躁：做一切能满足这些要求的活动（这是受到达·芬奇诅咒困扰的人的典型征兆）；无法入睡，因为你的大脑被你想写的所有华丽书目占据；无法与一个人发展浪漫的关系，因为你想拥有每一个与你相遇的人；很容易上瘾，因为你想要体验每一种你没有接触过的物质。

沮丧：在某种程度上，我们知道这些愿望是如此高大、无法实现，于是很快就会意识到尝试是在做无用功。一个有名的作者指出，抑郁症是一种自我调节机制，当浮夸的自我意识对我们的处境、可能性和节奏做出不现实的评估而威胁到我们时，抑郁症就会发生。

自恋型人格可以把社会中的许多角色都诠释得很好，但他们所取得的成就也会带来不同寻常的压力，不断超越自我的压力会让他们不惜一切代价避免挫折，因为挫折会威胁到那个面对失败过于脆弱的自我。

对于受达·芬奇诅咒困扰的人来说，找到一个可以让我们说“这不是我做的事，这就是我本人”的活动已经很难了，但在此之外，如果自我认知被自恋所扭曲，那么我们对这种行为的探索就注定会失败。

以下例子说明了这种情况是如何发生的。成功、失败、骄傲……都是相对概念而不是绝对概念，我们只能通过一个特定的过程——比较，来使它们显现并获取意义。

不要循环论证，要客观

虽然晚点 15 分钟，但 9 点 45 分的火车并不是 10 点的火车。这是因为它本是 9 点 45 分的火车，而不是别的什么火车。

我们把世界理解为一个差异系统。比较意味着发现差异，这在我们理解世界时必不可少。但是并非所有的比较都是正确的，所以当我们自己是被比较的对象时必须特别小心。

正确的比较是一个接一个地获取属性，并在两个或多个对象中获得它们的价值。

以下结论对我个人来说是正确的：

- 史蒂芬·霍金比我聪明得多。
- 哈里森·福特的财富和名望比我想象的还要多。
- 无论我多么努力，我永远不会比梅西的球技更好。

我可以继续比较下去，但我实际上忽略了以下情况：

- 福特和梅西的物理很烂。
- 霍金和梅西的演技很烂。
- 福特和霍金的球技很烂。
- 我网球打得比他们都好。

比较是一个有选择的过程。根据所选择的实体和属性，我可以做出对自己有利或不利的比较。“如果你拿自己和别人比较，你可能会变得自负或痛苦，因为比你伟大或比你弱小的人在这世上永远存在，”马克斯·厄尔曼（Max Ehrmann）在他著名的诗篇《生命渴求》（*Desiderata*）中写道。

不要循环往复地比较，而是客观地进行比较。比较会告诉我们，在某一特定的范围里，我们处在哪个位置，其最大的好处是可以告诉我们应该采取哪些步骤来提高某些方面的熟练程度。

你可以想象一下梅西、霍金或者你崇拜的其他人，他们会如何解决我们现在所面临的挑战。比较的作用应该是激励我们改进，而不是产生羞辱感。

我认为，唯一真正有用的比较是拿自己和平行宇宙中的另一个我进行比较。如果另一个你选择的是一条不同的道路，那你现在的真实生活与过去相比会是什么样子呢？或者“5 年后的我（如果我继续这样做）”和“5 年后的我（如果我敢走另一条路）”相比又如何呢？

当然，这只是一个思想实验，未来的“我”只是假设。但它们至少有可能是真的——也就是说，与和好莱坞演员或体育巨星相比，未来的“我”更适合作为你进行个人比较的对象。不管怎样，我相信所有人都有自己的秘密。

羞耻和嘲笑的感觉在自恋狂中并不少见，自恋者被控制的标志是羞愧。在这里，我指的不是“社会防范”意义上的羞耻，防范是对无法接受的动机提出的警告，它可以在多种社会形态中充分发挥作用。我所指的羞耻与之相反，是指由于无法实现那些不切实际的目标而产生的不足感、羞辱感、尴尬感和绝望感。失败真实存在，但真正的问题是目标。我们最初向世界宣布自己的意图时，情况最为糟糕。

羞耻可以理解为对我们自尊心的打击，问题是，我们应该受到这样的打击吗？

自尊的概念是大多数励志文学的核心。我认为根本的问题是很多人会用更多的自恋来增强自尊。自恋会使人产生扭曲的期望；失败后，我们的自尊会受损，并感到羞耻。我们会通过告诉自己我们有多宝贵来修补自尊心——这不过是一种典型的自恋感。再一次这样做会以扭曲的方式重新定义我们对自己的期望——根据自我认可的程度定义，而不是根据现实。自尊受到全新且不可避免的打击，这样的打击从逻辑上来说更为猛烈，所以需要一些更大的、虚假的自我激励才能补偿。

这是一个恶性循环。研究表明，失败和挫折造成的后果更容易伤害那些“高度自尊”的人，因为消极的结果会对他们的自我形象产生破坏性的影响。

不要试图一下子就回到赛场，成功需要努力

法国律师皮埃尔·德·费马也是一位杰出的数学家。我们认为他是一个自恋者。费马喜欢戏弄同事，他发出挑战：让大家去给难以证明的定理寻找证据——他宣称自己已经发现了这些证据，在回避同行评议的同时还获得了知名度。他职业生涯中最大的玩笑是在丢番图所著《算术》(*Arithmetica*）一书的页边空白处写了一个注释，说的是书中提到的一个猜想：“我找到了一个真正了不起的证据用来证明这个命题，但这个空白处太窄了写不下。”

300 多年来，业余的数学爱好者和职业数学家都试图找到这一证据，因为这一成就会立即给发现者带来世界级的知名度和认可。几个世纪以来，许多科学院都提供奖金给那些能够提供令人满意的证据的人。其中一次比赛（由德国哥廷根大学主

办）在 1908 年宣布开始，持续了 100 年。

许多人在完成这一挑战时获得了累累硕果，也有一些人白白浪费了时间，还有一些人甚至失去了理智。他们之间的根本区别在于背后的动机。

20 世纪 70 年代，评审参赛作品的数学家施利希廷（Schlichting）写信给他所在大学的委员会：

> 几乎所有的“解”都写在一个非常基础的层次上，用的是高中数学的概念，也许还有一些数论中未经消化的论文。投稿人往往是受过专业教育但没能取得成功的人，他们试图通过证明费马大定理来获得成功。

费马陷阱的其他版本是“快速致富”计划、“6 个月内拿到文凭”的捷径以及“3 周内减掉 50 磅（约 45 斤）”的骗局。

简而言之，不要试图一下子就能回到比赛中来，成功需要努力。不要成为“过于前卫的人”：在艺术、科学、爱好、职业或任何能够体现你人生使命的活动上面花时间，致力于真正的发展。只有保证付出，你才能得到真才实学。

人人都在学习，人人都在教授。我们都沉浸在某种“师徒关系”中，即使是以无意识、虚拟、直觉等非正式的方式。我们有时是师傅有时是学徒。达·芬奇并不是生来就准备画蒙娜丽莎的，他也在老师安德烈·德尔·维罗奇奥（Andrea del Verrocchio）的工作室里洗了多年画笔，在那里学会了为自己的才华找到正确的方向。

对被自恋控制的自己松绑

我们可以通过培养一些具体的态度来对抗通常的自恋状态：

- 与真实的人建立真正的关系。你在社交媒体上的“好友”不包括在内。你的家人、伴侣和现实世界的朋友才是真实的人。
- 别事事抱怨。当有些事情没有呈现你想要的结果时，忍一忍，养成忍受失望的品质。不要认为每件事都是针对自己。关于“第一世界问题”尤其不要大吵大闹。[①]
- 不再追求完美，学会“满意”，在成本和收益之间找到可以接受的平衡点。关注重要的细节，而不是无关紧要的琐碎。
- 避免自以为是。自以为是的人就像“万事通”一样不受欢迎。不要强人所难，尊重他们的决定。观点有好有坏，但每个人都有权坚持自己喜欢的观点、

① “第一世界问题”详见第212页。——编者注

品味和信仰——尽管有些观点令人厌恶。你不能控制别人的思想。

- 接受失败，把失败当作生活的一部分。没有人想失败，但我讨厌那种流行的心理学说法，该说法迫使我们“永远不接受‘不’这个答案”，迫使我们“在任何情况下都永不言败”。我们有时会赢，有时不会，不能赢的时候我们应该学习。如果你从来没有输过，这意味着你处于一个对你来说太低的水平。

真正自尊的唯一基础是美德

真正自尊的唯一基础是美德，宝贵的美德。自尊本身的价值并不能最大化，我们只能靠交易获得价值。

你如何知道你的自尊是真实的还是励志书籍灌输给你的呢？很简单。

一个有足够自尊的人是这样的：

- 不容易被别人控制，也不轻易因为言语被伤害。别人对她的评价是相对的。
- 果断的，她会坚定而平静地让任何对她不尊重的人有自知之明。相反，一个有虚假自尊的人可能会有更多的情感反应，这表明对方的话确实刺痛了他的神经。

列举特征解释不了什么是自尊。“我很聪明”“我很可爱”“我就是这样或那样”。管它呢！许多事都是随机的、遗传的或由其他外部原因造成的。特别没用的是“我是一个独一无二的人”，是的，我们都是独一无二的人，所以我们的“独一无二”完全相同。

我如何才能得到另一个人的感激呢？我如何让世界变得更美好呢？这些问题将指引我们获得真正值得拥有的自尊。语言不行，只有行动才行。

顺便说一下，费马的“最终定理”终于在 1997 年被普林斯顿大学教授安德鲁·怀尔斯（Andrew Wiles）证明。他用了有史以来最密集和不可思议的运算在 130 页纸上完成了证明。经过与世隔绝、殚精竭虑的长达 11 年的工作和研究，怀尔斯不但改进了现有的方法，还开发了许多新方法。

这就是刺猬型的专家，还记得吗？他们的目标是成功。

十五

那些你不必在意的“小事”清单

贝弗利·克拉克夫人在酒吧与迪瓦恩先生会面，调查她丈夫最近不爱回家的原因。

克拉克夫人：你觉得人们为什么要结婚？

迪瓦恩先生：因为激情。

克拉克夫人：不是。

迪瓦恩先生：有意思，你是一个浪漫的人。那是为什么？

克拉克夫人：因为我们需要有人见证自己的生活。地球上有几十亿人，但在婚姻中，我们会承诺每天都要关心伴侣的一切。

不管怎样，我今天打电话给你是想当面告诉你，我不再需要你的服务了。我认为继续调查下去是对我丈夫的隐私的无理侵犯，是时候停止了。谢谢你所做的一切……再见。

（他们默默地握手）

迪瓦恩先生：克拉克夫人，我是对的——你是个浪漫的人。

《谈谈情跳跳舞》（*Shall We Dance*）

彼得·切尔瑟姆（Peter Chelsom）

成为一个见证人是个不错的概念。

宇宙是一个又大又冷且无处不在的地方，而时间迟早会抹去一切事物发生过的痕迹。几乎所有的行为都毫无预兆。在这样一个由虚无和荒凉构成的无限空间里，我们如何给事物赋予价值呢？

一种确认价值的方式是用钱来换取，更基本的确认方式是花时间。我相信，成为见证人，是认识事物和人的价值最重要的方式。

我们把注意力放在哪里，哪里就会从我们身上得到某种价值，占据不会被忽视的地位。相反，那些被我们忽略的人和事会被慢慢忘记——我们“没有时间”，我们“在等待合适的时机”，我们“很快就会弥补”。

我们所见证的是正确的事情吗？

我认为不是。当一切都在争夺注意力时，我们又能怎样呢？广告无处不在，甚至出现在我们不会注意到的地方：政治家及其观点、名人和他们的秘密、争夺收视率的电视节目。本书讨论的主题给我们见证那些正确的事情找到了一条出路。

在这一章中，我们可以这样完善自己：

- 确认并更好地理解困住自己的“诅咒”。
- 把这个世界当成一个特殊的丛林。
- 重新审视自己的黑暗面。
- 给生活赋予意义，而不是从中寻找意义。
- 找到一个专门的、复杂刺激的人生使命。
- 面对恐惧和自恋。

最后剩下的，就是在现实世界中走上这条道路。

对我们受达·芬奇诅咒困扰的人来说，走上这条道路意味着我们必须投入精力和保持专注。我们必须坚定地选择自己重视的东西，忽略那些被高估、无关紧要和令人分心的事物。对我们来说，这些干扰就像神话故事里的海妖，它们用迷人的歌声诱使水手们坠入暗礁。尤利西斯很聪明地把自己拴在桅杆上，命令船员往耳朵里抹蜡，这样的话，即使他能听到海妖的歌声也不会被骗。

正因为如此，亲爱的受达·芬奇诅咒困扰的家伙们，下面我将列出那些被高估和会分散你的注意力的事物，它们就是你在航行中会遇到的伪装的珊瑚礁和诱惑的海妖。

不必争吵，绝对的真理凤毛麟角

绝对的真理凤毛麟角，它们要么无法证明，要么会因为过于笼统而无用。

天空是蓝色的，这是真理，不过夜晚除外，火星除外，色盲除外，阴天除外。唯一可用的真理并不存在，因为它本身发挥作用的前提是限定条件。

一旦真理被理解为相对存在而不是绝对存在，就会发生有趣的事情：我们会意识到说服别人相信某事并不是自己的工作。

塑造别人的思想不是我们的工作，塑造自己的思想才是我们的责任。一旦发现停止争论很有必要，就请你马上停止。争论应该是双方一起针对观点进行的讨论，如果你发现这个过程变成了攀比大赛，就应该及时撤离，去做别的事。

不必解释，解释只会给你设下圈套

向别人解释自己花了我们太多的精力。糟糕的是，这是我们给自己设的圈套。

解释是你给自己设下的圈套：

- 有大事要宣布。每次我们宣布要做些什么时，比如

再次节食、回到学校以及其他任何事，人们就会要求我们解释清楚。“嘿，你不是打算重新节食吗？发生了什么事？哦，我明白了：这是一种‘增重’节食法吧？”

- 当我们讨论特别敏感的话题时。例如堕胎或死刑——这两个问题具有深刻的社会、科学、道德影响，一直是扩展讨论的好题目。如果可能的话，我们可以与比自己聪明的人站在一起或加入持相反立场的一方。但你也可以干脆避开这些徒劳无益的讨论，而去见证其他更重要的事情。
- 当我们和无名小卒争吵时。社交媒体上的“好友”发布了一件异想天开的蠢事。这些人可能与你多年未见，也可能只是某个在网站上随意留言的人，比如 YouTube 用户。即使很想参加讨论去纠正他们，可我们为什么要成为他们的“见证人”呢？

不必敏感，滋养平静的自信

我们会把某人无心的失礼之举当成无耻的冒犯。如果有人妄图使用伎俩占便宜，比如在超市的收银台插队，我们会感觉遭受了侵犯；当产品或服务不如预期的好时，我们会觉得被骗。最轻微的侮辱都会被我们视为宣战，正常的失望是我们无法忍受的挫折。

够了，是时候长出更厚的“皮肤”了。不必太过敏感，你应该滋养平静的自信，保持冷静，视挫折为常态，不要把每件事都放在心上，不要受别人语言或行为的影响。

不必将不成问题的问题放在眼里

我们迟早会面临一些相当严重的问题：疾病、经济困难、心碎、关系危机、丧亲等。这些问题过于严重，会占用我们大量的体力和脑力；而另一些问题则是被严重高估的。

那些被你严重高估的问题：

- “第一世界问题”。智能手机的保护膜下面夹着一根头发、房间一团糟、找不到遥控器、空姐忘记你点的素食、没有干净的袜子、卫生纸或麦片用光了。这类问题不值得花费你更多的精力，默默地骂句脏话就好。要么解决，要么忽略，不要让小事耗尽精力。
- “覆水难收”的问题。你搞砸了什么吗？如果是，请你尽快接受它，然后道歉、尽量补救、吸取教训、继续前进。如果你想，就低声咒骂几句，一切不过如此。

- “无能为力”的问题。天气太冷或太热、下雨或不下、时间过得太快或太慢、税收过高、下一次选举、身高太高或太矮。总之，这都是一些不能由你决定的问题，以及你无能为力的情况。

向地平线前进，绝不回头

在生活中，我们不必做过多解释，或陷入过多的争论。真正的朋友不需要解释，愚蠢的人无法理解，你的对手永不满足（或者会利用它们来对付你），其余的人根本不在乎。

我们应该把明确的解释留给生活中至关重要的人，我们自己的见证人；留给我们的伴侣、子女、亲密的朋友和家人；留给那些想要了解我们在做什么的人，这样他们就不会担心；留给那些因为无条件支持我们而感到高兴的人。

少花时间坐在电视前，像僵尸一样观看其他人创造的东西。广告、煽动者、名人……不要成为平庸的见证人。他们就像海妖一样，总是试图引诱我们入水。

也许有一天我们会像尤利西斯那样。

也许有一天，我们会勒紧自己选择的锁链，坚持我们所设定的航线，在自我复兴精神的汹涌波涛中乘风破浪。我们将以坚定的声音命令水手扬帆起航，向地平线前进，绝不回头。

让我们重
新开始吧

布鲁斯·韦恩回到了哥谭市。为了更好地隐藏他的超级英雄身份，他扮演着一个富裕的、英俊的花花公子的角色。他笑着离开了豪华酒店的餐厅，和两个金发碧眼的美女玩得很开心。当男仆把布加迪汽车开过来时，她们走到瑞秋·道斯的身边。

瑞秋：布鲁斯？

（韦恩转过身来看见瑞秋站在那里，身穿赴宴礼服，美艳绝伦）

韦恩：瑞秋。

金发女郎：来吧，布鲁斯！我们还有更多的酒店想让你买！

（瑞秋看了她们一眼，然后又看向韦恩）

瑞秋：我听说你回来了，你去哪了？

韦恩：……到处走走，你知道的。

瑞秋：不，布鲁斯，我不知道。很多人也不知道。那些认为你可能已经死了的人……

韦恩：瑞秋，所有这些都不是我……我的内心与众不同，它……更丰富。

瑞秋：布鲁斯，不是内心深处决定你是谁，而是你的所作所为决定你是谁。

《侠影之谜》（*Batman Begins*）

克里斯托弗·诺兰（Christopher Nolan）

让我们重新开始吧。

童年的幻想、父母的期望、看简历的时候可能会有的些许成就感、17 岁时做出的决定、别人善意的忠告，把这些都抛在脑后吧。

再见。

放下旧理想，创造新期望。忘记我们本该是谁，成就真正的自己。

让我们重新开始，肩负使命，不可阻挡。

请允许我借用梭罗的话来结束本书。

> 通过实验我至少学到了一点：如果一个人自信地朝着他梦想的方向前进，并努力过上理想中的生活，他将会在平凡的时刻获得一种无法想象的成功。

让我们朝着梦想的方向前进。如果不能，岂不空余恨哉？要知道，我们的所作所为决定了我们是谁。

未来，属于终身学习者

我这辈子遇到的聪明人（来自各行各业的聪明人）没有不每天阅读的——没有，一个都没有。巴菲特读书之多，我读书之多，可能会让你感到吃惊。孩子们都笑话我。他们觉得我是一本长了两条腿的书。

——查理·芒格

互联网改变了信息连接的方式；指数型技术在迅速颠覆着现有的商业世界；人工智能已经开始抢占人类的工作岗位……

未来，到底需要什么样的人才？

改变命运唯一的策略是你要变成终身学习者。未来世界将不再需要单一的技能型人才，而是需要具备完善的知识结构、极强逻辑思考力和高感知力的复合型人才。优秀的人往往通过阅读建立足够强大的抽象思维能力，获得异于众人的思考和整合能力。未来，将属于终身学习者！而阅读必定和终身学习形影不离。

很多人读书，追求的是干货，寻求的是立刻行之有效的解决方案。其实这是一种留在舒适区的阅读方法。在这个充满不确定性的年代，答案不会简单地出现在书里，因为生活根本就没有标准确切的答案，你也不能期望过去的经验能解决未来的问题。

湛庐阅读App：与最聪明的人共同进化

有人常常把成本支出的焦点放在书价上，把读完一本书当作阅读的终结。其实不然。

时间是读者付出的最大阅读成本
怎么读是读者面临的最大阅读障碍
“读书破万卷”不仅仅在“万”，更重要的是在“破”！

现在，我们构建了全新的“湛庐阅读”App。它将成为你“破万卷”的新居所。在这里：

- 不用考虑读什么，你可以便捷找到纸书、有声书和各种声音产品；
- 你可以学会怎么读，你将发现集泛读、通读、精读于一体的阅读解决方案；
- 你会与作者、译者、专家、推荐人和阅读教练相遇，他们是优质思想的发源地；
- 你会与优秀的读者和终身学习者为伍，他们对阅读和学习有着持久的热情和源源不绝的内驱力。

从单一到复合，从知道到精通，从理解到创造，湛庐希望建立一个“与最聪明的人共同进化”的社区，成为人类先进思想交汇的聚集地，与你共同迎接未来。

与此同时，我们希望能够重新定义你的学习场景，让你随时随地收获有内容、有价值的思想，通过阅读实现终身学习。这是我们的使命和价值。

湛庐阅读App玩转指南

湛庐阅读App结构图:

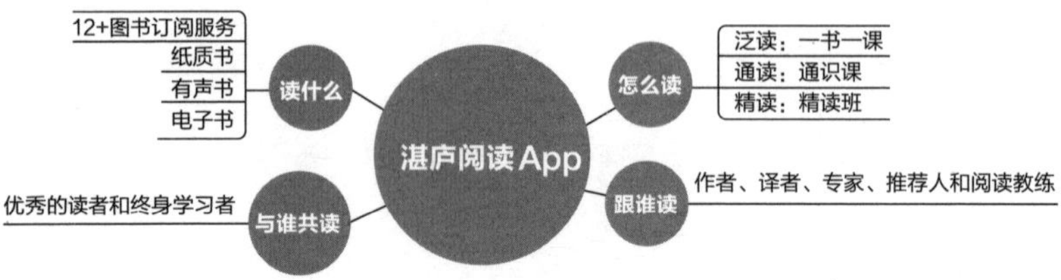

三步玩转湛庐阅读App:

App获取方式：

安卓用户前往各大应用市场、苹果用户前往App Store
直接下载“湛庐阅读”App，与最聪明的人共同进化！

使用App扫一扫功能，
遇见书里书外更大的世界！

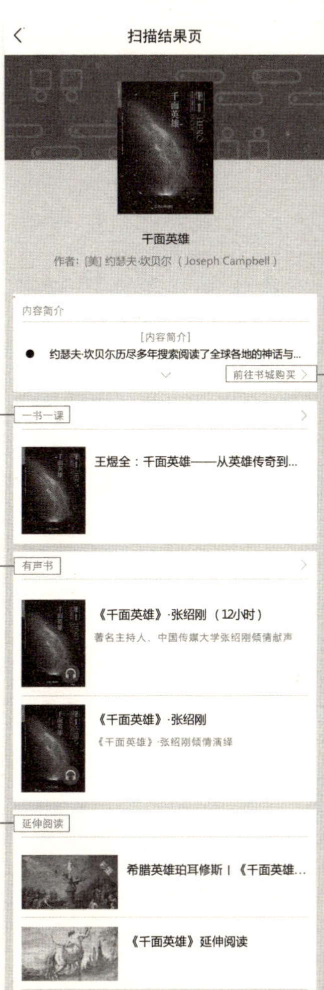

快速了解本书内容，
湛庐千册图书一键购买！

大咖优质课、
献声朗读全本一键了解，
为你读书、讲书、拆书！

你想知道的彩蛋
和本书更多知识、资讯，
尽在延伸阅读！

湛庐CHEERS

延伸阅读

《远见》

使用"湛庐阅读"App，"扫一扫"获取本书更多精彩内容。

ISBN 978-7-5596-1216-8

◎ 奥美互动全球首席执行官布赖恩·费瑟斯通豪在《远见》中，向我们展示了职业生涯中3个截然不同但相互关联的阶段，教会我们如何不断储备职场燃料以创造长期的成功。

《人生十二法则》

使用"湛庐阅读"App，"扫一扫"获取本书更多精彩内容。

ISBN 978-7-213-09487-3

◎ 2018—2019年全球现象级畅销书。全球销量超300万册，多国图书畅销榜，连续12周霸榜亚马逊排行榜，迄今为止已在美亚销售榜上榜90周。

◎ 作者被誉为当今世界最重要的思想家。多伦多大学心理学教授，前哈佛大学心理学教授，百万年轻人追随的心灵之父，最受学生欢迎的导师，被学生称为"能改变你的人生"的人。

《优秀到不能被忽视》

使用"湛庐阅读"App，"扫一扫"获取本书更多精彩内容。

ISBN 978-7-5502-7514-0

◎ 给正在思考工作方向的，对于现状不满意的，想要勇敢改变的你，《优秀到不能被忽视》将改变你看待人生、职业、幸福的方式。

◎ UrWork（中国）创始人、万科集团原高级副总裁毛大庆，58同城网CEO姚劲波，聚美优品CEO陈欧，天下酒仓公司董事长杜子建，百度首席科学家等联袂推荐

《一万小时天才理论》

使用"湛庐阅读"App，"扫一扫"获取本书更多精彩内容。

ISBN 978-7-213-06814-0

◎ 全新诠释天才的"一万小时法则"。大声告诉你："了解异类还不够，我们的目标是成为异类！"

◎《纽约时报》畅销书作家颠覆巨献，推翻你对天才的一切想象。《异类》背后的天才理论，为你打通通往异类的每个环节！